LE PERE DE FAMILLE,

COMÉDIE

EN CINQ ACTES, ET EN PROSE,

AVEC UN DISCOURS

SUR LA POESIE DRAMATIQUE.

Ætatis cujusque notandi sunt tibi mores,
Mobilibusque decor naturis dandus & annis.
Horat. *de Art. poet.*

A AMSTERDAM.

M. DCC. LVIII.

A SON ALTESSE SÉRÉNISSIME
MADAME LA PRINCESSE
DE
NASSAU-SAARBRUCK.

MADAME,

En ſoumettant le *Pere de Famille* au jugement de VOTRE ALTESSE SE'RE'NISSIME, je ne me ſuis point diſſimulé ce qu'il en avoit à redouter. Femme éclairée, mere tendre, quel eſt le ſentiment que vous n'euſſiez exprimé avec plus de délicateſſe que lui ? Quelle eſt l'idée que vous n'euſſiez rendue d'une maniere plus touchante ? Cependant ma témérité ne ſe bornera pas, MADAME, à vous offrir un ſi foible hommage. Quelque diſtance qu'il y ait de l'ame d'un poëte à celle d'une mere, j'oſerai deſcendre dans la vôtre; y lire, ſi je le ſçais, & révéler quelques-unes des penſées qui l'occupent. Puiſſiez-vous les reconnoître & les avouer.

Lorſque le Ciel vous eut accordé des enfans, ce fut ainſi que vous

vous parlâtes ; voici ce que vous vous êtes dit.

Mes enfans sont moins à moi peut-être par le don que je leur ai fait de la vie, qu'à la femme mercenaire qui les alaita. C'est en prenant le soin de leur éducation que je les revendiquerai sur elle. C'est l'éducation qui fondera leur reconnoissance & mon autorité. Je les éleverai donc.

Je ne les abandonnerai point sans réserve à l'étranger ni au subalterne. Comment l'étranger y prendroit-il le même intérêt que moi ? Comment le subalterne en seroit-il écouté comme moi ? Si ceux que j'aurai constitué les cenſeurs de la conduite de mon fils, ſe diſoient au-dedans d'eux-mêmes, *aujourd'hui mon diſciple, demain il ſera mon maître*; ils exagéreroient le peu de bien qu'il feroit; s'il faiſoit le mal, ils l'en reprendroient mollement, & ils deviendroient ainſi ſes adulateurs les plus dangereux.

Il ſeroit à ſouhaiter qu'un enfant fût élevé par ſon ſupérieur, & le mien n'a de ſupérieur que moi.

C'eſt à moi à lui inſpirer le libre exercice de ſa raiſon, ſi je veux que ſon ame ne ſe rempliſſe pas d'erreurs & de terreurs, telles que l'homme s'en faiſoit à lui-même ſous un état de nature imbécille & ſauvage.

Le menſonge eſt toujours nuiſible,

Une erreur d'eſprit ſuffit pour corrompre le goût & la morale. Avec une ſeule idée fauſſe, on peut devenir barbare; on arrache les pinceaux de la main du peintre; on briſe le chef-d'œuvre du ſtatuaire; on brûle un ouvrage de génie; on ſe fait une ame petite & cruelle; le ſentiment de la haine s'étend; celui de la bienveillance ſe reſſerre; on vit en tranſe, & l'on craint de mourir. Les vûes étroites d'un inſtituteur puſillanime ne réduiront pas mon fils dans cet état, ſi je puis.

Après le libre exercice de ſa raiſon, un autre principe que je ne ceſſerai de lui recommander; c'eſt la ſincérité avec ſoi-même. Tranquille alors ſur les préjugés auxquels notre foibleſſe nous expoſe ; le voile tomberoit tout-à-coup, & un trait de lumiere lui montreroit tout l'édifice de ſes idées renverſé, qu'il diroit froidement ; ce que je croyois vrai, étoit faux ; ce que j'aimois comme bon, étoit mauvais ; ce que j'admirois comme beau, étoit difforme ; mais il n'a pas dépendu de moi de voir autrement.

Si la conduite de l'homme peut avoir une baſe ſolide dans la conſidération générale, ſans laquelle on ne ſe réſout point à vivre ; dans l'eſtime & le reſpect de ſoi-même, ſans leſquels on n'oſe gueres en exiger des autres ; dans les notions d'ordre, d'harmonie, d'intérêt, de bienfaiſance & de beauté, auxquelles on n'eſt pas libre de se refuser, & dont nous portons le germe dans nos cœurs, où il se déploye & se fortifie sans cesse; dans le sentiment de la décence & de l'honneur; dans la sainteté des loix : pourquoi appuyerai-je la conduite de mes enfans sur des opinions passageres, qui ne tiendront ni contre l'examen de la raison, ni contre le choc des passions plus redoutables encore pour l'erreur que la raison?

Il y a dans la nature de l'homme deux principes opposés : l'amour-propre qui nous rappelle à nous, & la bienveillance qui nous répand. Si l'un de ces deux ressorts venoit à se briser, on seroit ou méchant jusqu'à la fureur, ou généreux jusqu'à la folie. Je n'aurai point vécu ſans expérience pour eux, ſi je leur apprens à établir un juſte rapport entre ces deux mobiles de notre vie.

C'eſt en les éclairant ſur la valeur réelle des objets, que je mettrai un frein à leur imagination. Si je réuſſis à diſſiper les preſtiges de cette magicienne, qui embellit la laideur, qui enlaidit la beauté, qui pare le menſonge, qui obſcurcit la vérité, & qui nous joue par des ſpectres qu'elle fait changer de formes & de couleurs & qu'elle nous montre, quand il lui plaît & comme il lui plaît, ils n'auront ni craintes outrées ni deſirs déréglés.

Je ne me ſuis pas promis de leur ôter toutes les fantaiſies; mais j'eſpere que celle de faire des heureux, la ſeule qui puiſſe conſacrer les autres, ſera du nombre des fantaiſies qui leur reſteront. Alors ſi les images du bonheur couvrent les murs de leur ſéjour, ils en jouiront. S'ils ont embelli des jardins, ils s'y promeneront. En quelqu'endroit qu'ils aillent, ils y porteront la ſérénité.

S'ils appellent autour d'eux les Artiſtes, & s'ils en forment de nombreux atteliers; le chant groſſier de celui qui ſe fatigue depuis le lever du ſoleil juſqu'à ſon coucher, pour obtenir d'eux un morceau de pain, leur apprendra que le bonheur peut être auſſi à celui qui ſcie le marbre & qui coupe la pierre; que la puiſſance ne donne pas la paix de l'ame, & que le travail ne l'ôte pas.

Auront-ils élevé un édifice au fond d'une forêt ? ils ne craindront pas de s'y retirer quelquefois avec eux-mêmes, avec l'ami qui leur dira la vérité, avec l'amie qui ſçaura parler à leur cœur, avec moi.

J'ai le goût des choſes utiles ; & ſi je le fais paſſer en eux, des façades, des places publiques, les toucheront moins qu'un amas de fumier ſur lequel ils verront jouer des enfans tout nuds ; tandis qu'une payſanne aſſiſe ſur le ſeuil de ſa chaumiere, en tiendra un plus jeune attaché à ſa mammelle, & que des hommes baſannés s'occuperont en cent manieres diverſes, de la ſubſiſtance commune.

Ils seront moins délicieusement émus à l'aspect d'une colonnade, que si traversant un hameau, ils remarquent les épis de la gerbe sortir par les murs entrouverts d'une ferme.

Je veux qu'ils voyent la misere, afin qu'ils y soient sensibles, & qu'ils sçachent par leur propre expérience qu'il y a autour d'eux, des hommes comme eux, peut-être plus essentiels qu'eux, qui ont à peine de la paille pour se coucher, & qui manquent de pain.

Mon fils, si vous voulez connoître la vérité ; sortez, lui dirai-je ; répandez-vous dans les différentes conditions ; voyez les campagnes ; entrez dans une chaumiere ; interrogez celui qui l'habite : ou plûtôt regardez ſon lit, ſon pain, ſa demeure, ſon vêtement ; & vous ſçaurez ce que vos flateurs chercheront à vous dérober.

Rappellez-vous ſouvent à vous-même qu'il ne faut qu'un ſeul homme méchant & puiſſant pour que cent mille autres hommes pleurent, gémiſſent & maudiſſent leur exiſtence.

Que cette eſpece de méchans qui bouleverſent le globe & qui le tyranniſent, ſont les vrais auteurs du blaſphème.

Que la nature n'a point fait d'eſclaves, & que perſonne ſous le Ciel n'a plus d'autorité qu'elle.

Que l'idée d'eſclavage a pris naiſsance dans l'effusion du sang & au milieu des conquêtes.

Que les hommes n'auroient aucun besoin d'être gouvernés, s'ils n'étoient pas méchans; & que par conséquent le but de toute autorité doit être de les rendre bons.

Que tout système de morale, tout ressort politique qui tend à éloigner l'homme de l'homme, est mauvais.

Que si les Souverains sont les seuls hommes qui soient demeurés dans l'état de nature où le ressentiment est l'unique loi de celui qu'on offense; la limite du juste & de l'injuste est un trait délié qui se déplace ou qui disparoît à l'œil de l'homme irrité.

Que la justice est la premiere vertu de celui qui commande, & la seule qui arrête la plainte de celui qui obéit.

Qu'il est beau de se soûmettre soi-même à la loi qu'on impose, & qu'il n'y a que la néceffité & la généralité de la loi qui la fassent aimer.

Que plus les Etats sont bornés, plus l'autorité politique se rapproche de la puissance paternelle.

Que si le Souverain a les qualités d'un Souverain, ses Etats seront toujours assez étendus.

Que si la vertu d'un particulier peut se soutenir sans appui, il n'en est pas de même de la vertu d'un peuple. Qu'il faut récompenser les gens de mérite; encourager les hommes industrieux;

dustrieux ; approcher de soi les uns & les autres.

Qu'il y a par-tout des hommes de génie, & que c'est au Souverain à les faire paroître.

Mon fils, c'est dans la prospérité que vous vous montrerez bon ; mais c'est l'adversité qui vous montrera grand. S'il est beau de voir l'homme tranquille, c'est au moment où les hasards se rassemblent sur lui.

Faites le bien, & songez que la nécessité des événemens est égale sur tous.

Soumettez-vous-y, & accoutumez-vous à regarder d'un même œil le coup qui frappe l'homme & qui le renverse, & la chûte d'un arbre qui briseroit sa statue.

Vous êtes mortel comme un autre ; & lorſque vous tomberez, un peu de pouſſiere vous couvrira comme un autre.

Ne vous promettez point un bonheur ſans mélange ; mais faites-vous un plan de bienfaiſance que vous oppoſiez à celui de la nature qui nous opprime quelquefois. C'eſt ainſi que vous vous éleverez, pour ainſi dire, au-deſſus d'elle, par l'excellence d'un ſyſtème qui répare les déſordres du ſien. Vous ſerez heureux le ſoir, ſi vous avez fait plus de bien qu'elle ne vous aura fait de mal. Voilà l'unique moyen de vous réconcilier avec la vie. Comment haïr une exiſtence qu'on ſe rend douce à ſoi-même par l'utilité dont elle eſt aux autres ?

Persuadez-vous que la vertu est tout, & que la vie n'est rien; & si vous avez de grands talens, vous serez un jour compté parmi les héros.

Rapportez tout au dernier moment; à ce moment où la mémoire des faits les plus éclatans ne vaudra pas le souvenir d'un verre d'eau présenté par humanité à celui qui avoit soif.

Le cœur de l'homme est tantôt serein & tantôt couvert de nuages; mais le cœur de l'homme de bien, semblable au spectacle de la nature, est toujours grand & beau; tranquille ou agité.

Songez au danger qu'il y auroit à se faire l'idée d'un bonheur qui fût toujours le même, tandis que la condition de l'homme varie ſans ceſſe.

L'habitude de la vertu eſt la ſeule que vous puiſſiez contracter ſans crainte pour l'avenir. Tôt ou tard les autres ſont importunes.

Lorſque la paſſion tombe; la honte, l'ennui, la douleur commençent. Alors on craint de ſe regarder. La vertu ſe voit elle-même toujours avec complaiſance.

Le vice & la vertu travaillent ſourdement en nous. Ils n'y ſont pas oiſifs un moment. Chacun mine de ſon côté. Mais le méchant ne s'occupe pas à ſe rendre méchant, comme l'homme de bien à ſe rendre bon. Celui-là eſt lâche dans le parti qu'il a pris; il n'oſe ſe perfectionner. Faites-vous un but qui puiſſe être celui de toute votre vie.

Voilà, MADAME, les pensées que médite une Mere telle que vous, & les discours que ses enfans entendent d'elle. Comment après cela un petit événement domestique, une intrigue d'amour, où les détails sont aussi frivoles que le fond, ne vous paroîtroient-ils pas insipides? Mais j'ai compté sur l'indulgence de VOTRE ALTESSE SE'RE'NISSIME; & si elle daigne me soutenir, peut-être me trouverai-je un jour moins au-dessous de l'opinion favorable dont elle m'honore.

Puisse l'ébauche que je viens de tracer de votre caractère & de vos sentimens, encourager d'autres femmes à vous imiter! Puissent-elles concevoir qu'elles passent à mesure que leurs enfans croiſſent ; & que ſi elles obtiennent les longues années qu'elles ſe promettent, elles finiront par être elles-mêmes des enfans ridés, qui redemanderont en vain une tendreſſe qu'elles n'auront pas reſſentie.

Je ſuis avec un très-profond reſpect,

MADAME,

DE VOTRE ALTESSE SÉRÉNISSIME,

Le très-humble &
très-obéiſſant ſerviteur,
DIDEROT.

PERSONNAGES.

Monſieur D'ORBESSON, *Pere de Famille.*

Monſieur LE COMMANDEUR D'AUVILE', *beau-frere du Pere de Famille.*

CECILE, *fille du pere de Famille.*

SAINT-ALBIN, *fils du Pere de Famille.*

SOPHIE, *une jeune Inconnue.*

GERMEUIL, *fils de feu Monſieur de***, un ami du Pere de Famille.*

Monſieur LE BON, *Intendant de la maiſon*

Mademoiſelle CLAIRET, *femme-de-chambre de Cécile.*

LA BRIE, PHILIPPE, } *Domestiques du Pere de Famille.*

DESCHAMPS, *Domestique de Germeuil.*

Autres DOMESTIQUES *de la maison.*

Madame HEBERT, *Hôtesse de Sophie.*

Madame PAPILLON, *Marchande à la toilette.*

Une des OUVRIERES *de Madame Papillon.*

M. ***. *C'est un pauvre honteux.*

UN PAYSAN.

UN EXEMPT.

La Scène est à Paris, dans la maison du Pere de Famille.

LE
PERE DE FAMILLE,
COMEDIE.

Le théatre représente une salle de compagnie, décorée de tapisseries, glaces, tableaux, pendule, &c. C'est celle du Pere de Famille.

La nuit est fort avancée. Il est entre cinq & six du matin.

ACTE PREMIER.

SCENE I.

LE PERE DE FAMILLE, LE COMMANDEUR, CECILE, GERMEUIL.

Sur le devant de la salle, on voit le Pere de Famille qui se promene à pas lents. Il a la tête baissée, les bras croisés & l'air tout-à-fait pensif.

Un peu sur le fond, vers la cheminée, qui est à l'un des côtés de la salle, le Commandeur & sa niéce font une partie de trictrac.

Derriere le Commandeur, un peu plus près du feu, Germeuil est assis négligemment dans un fauteuil, un livre à la main. Il en interrompt de tems en tems la lecture pour regarder tendrement Cécile dans les momens où elle est occupée de son jeu, & où il ne peut en être apperçû.

Le Commandeur se doute de ce qui se passe derriere lui. Ce soupçon le tient dans une inquiétude qu'on remarque à ses mouvemens.

CÉCILE.

MON oncle, qu'avez-vous? Vous me paroissez inquiet.

LE COMMANDEUR

(*en s'agitant dans son fauteuil*).

Ce n'est rien, ma niéce. Ce n'est rien.

(*Les bougies sont sur le point de finir, & le Commandeur dit à Germeuil :*)

Monsieur, voudriez-vous bien sonner?

(*Germeuil va sonner. Le Commandeur saisit*

ce moment pour déplacer son fauteuil & le tourner en face du trictrac. Germeuil revient, remet son fauteuil comme il étoit, & le Commandeur dit au Laquais qui entre)

Des bougies.

(*Cependant la partie de trictrac s'avance. Le Commandeur & sa niéce jouent alternativement & nomment leurs dez*).

LE COMMANDEUR.

Six cinq.

GERMEUIL.

Il n'est pas malheureux.

LE COMMANDEUR.

Je couvre de l'une & je passe l'autre.

CÉCILE.

Et moi, mon cher oncle, je marque six points d'école. Six points d'école . . .

LE COMMANDEUR

(*à Germeuil*).

Monsieur, vous avez la fureur de parler sur le jeu.

CÉCILE.

Six points d'école . . . . .

LE COMMANDEUR.

Cela me diſtrait, & ceux qui regardent derriere moi, m'inquietent.

CÉCILE.

Six & quatre que j'avois, font dix.

LE COMMANDEUR

(*toûjours à Germeuil*).

Monſieur, ayez la bonté de vous placer autrement, & vous me ferez plaiſir.

SCENE VII.

LE PERE DE FAMILLE, LE COMMANDEUR, CECILE, GERMEUIL, LA BRIE.

LE PERE DE FAMILLE.

EST-ce pour leur bonheur, eſt-ce pour le nôtre qu'ils ſont nés? ... Hélas, ni l'un ni l'autre!

(*La Brie vient avec des bougies, en place où il en faut; & lorſqu'il eſt ſur le point de ſortir, le Pere de Famille l'appelle*).

La Brie!

LA BRIE.

Monſieur.

LE PÈRE DE FAMILLE,

(*après une petite pauſe, pendant laquelle il a continué de rêver & de ſe promener*).

Où eſt mon fils ?

LA BRIE.

Il eſt ſorti.

LE PERE DE FAMILLE.

A quelle heure ?

LA BRIE.

Monſieur, je n'en ſçais rien.

LE PERE DE FAMILLE

(*encore une pauſe*).

Et vous ne ſçavez pas où il eſt allé ?

LA BRIE.

Non, Monſieur.

LE COMMANDEUR.

Le coquin n'a jamais rien ſçû. Double deux.

CÉCILE.

Mon cher oncle, vous n'êtes pas à votre jeu.

LE COMMANDEUR.

(*ironiquement & bruſquement.*)

Ma niéce, ſongez au vôtre.

LE PERE DE FAMILLE
(*à La Brie ; toûjours en se promenant & rêvant.*)
Il vous a défendu de le suivre ?

LA BRIE.
(*feignant de ne pas entendre*)
Monsieur ?

LE COMMANDEUR.
Il ne répondra pas à cela. Terne.

LE PERE DE FAMILLE
(*toûjours en se promenant & rêvant*).
Y a-t-il long-tems que cela dure ?

LA BRIE
(*feignant encore de ne pas entendre*).
Monsieur ?

LE COMMANDEUR.
Ni à cela non plus. Terne encore. Les doublets me poursuivent.

LE PERE DE FAMILLE.
Que cette nuit me paroît longue !

LE COMMANDEUR.
Qu'il en vienne encore un, & j'ai perdu. Le voilà.

(*A Germeuil*)

Riez, Monsieur. Ne vous contraignez pas.

(La Brie eſt ſorti. La partie de trictrac finit. Le Commandeur, Cécile & Germeuil s'approchent du Pere de Famille.

SCENE III.

LE PERE DE FAMILLE, LE COMMANDEUR, CECILE, GERMEUIL.

LE PERE DE FAMILLE.

DAns quelle inquiétude il me tient ! Où eſt-il ? Qu'eſt-il devenu ?

LE COMMANDEUR.

Et qui ſçait cela ? . . . Mais vous vous êtes aſſez tourmenté pour ce ſoir. Si vous m'en croyez, vous irez prendre du repos.

LE PERE DE FAMILLE.

Il n'en eſt plus pour moi.

LE COMMANDEUR.

Si vous l'avez perdu, c'eſt un peu votre faute, & beaucoup celle de ma ſœur. C'étoit, Dieu lui pardonne, une femme unique pour gâter ſes enfans.

CÉCILE
(*peinée*).

Mon oncle.

LE COMMANDEUR.

J'avois beau dire à tous les deux, prenez-y garde, vous les perdez.

CÉCILE.

Mon oncle.

LE COMMANDEUR.

Si vous en êtes fous à présent qu'ils sont jeunes, vous en serez martyrs quand ils seront grands.

CÉCILE.

Monsieur le Commandeur.

LE COMMANDEUR.

Bon, est-ce qu'on m'écoute ici ?

LE PERE DE FAMILLE.

Il ne vient point !

LE COMMANDEUR.

Il ne s'agit pas de soupirer, de gémir, mais de montrer ce que vous êtes. Le tems de la peine est arrivé. Si vous n'avez pû la prévenir, voyons du moins si vous sçaurez la supporter... Entre nous, j'en doute...

(*La pendule sonne six heures*).

Mais voilà six heures qui sonnent... Je me sens las ... J'ai des douleurs dans les jambes comme si ma goutte vouloit me reprendre. Je ne vous suis bon à rien. Je vais m'envelopper de ma robe-de-chambre, & me jetter dans un fauteuil. Adieu, mon frere ... Entendez-vous?

LE PERE DE FAMILLE.

Adieu, Monsieur le Commandeur.

LE COMMANDEUR

(*en s'en allant*).

La Brie.

LA BRIE

(*du dedans*).

Monsieur.

LE COMMANDEUR.

Eclairez-moi; & quand mon neveu sera rentré, vous viendrez m'avertir.

.....

SCENE IV.

LE PERE DE FAMILLE, CECILE, GERMEUIL.

LE PERE DE FAMILLE

(*après s'être encore promené tristement.*)

MA fille, c'est malgré moi que vous avez passé la nuit.

CÉCILE.

Mon pere, j'ai fait ce que j'ai dû.

LE PERE DE FAMILLE.

Je vous sçais gré de cette attention; mais je crains que vous n'en soyez indisposée. Allez vous reposer.

CÉCILE.

Mon pere, il est tard. Si vous me permettiez de prendre à votre santé l'intérêt que vous avez la bonté de prendre à la mienne. . . . .

LE PERE DE FAMILLE.

Je veux rester. Il faut que je lui parle.

CÉCILE.

Mon frere n'est plus un enfant.

LE PERE DE FAMILLE.

Et qui sçait tout le mal qu'a pû apporter une nuit ?

CÉCILE.

Mon pere . . . .

LE PERE DE FAMILLE.

Je l'attendrai. Il me verra.

(*en appuyant tendrement ses mains sur les bras de sa fille*).

Allez, ma fille, allez. Je sçais que vous m'aimez.

(*Cécile sort. Germeuil se dispose à la suivre : mais le Pere de Famille le retient & lui dit*) :

Germeuil, demeurez.

SCENE V.

LE PERE DE FAMILLE, GERMEUIL.

(*La marche de cette Scene est lente.*)

LE PERE DE FAMILLE,

(*comme s'il étoit seul, & en regardant aller Cécile*).

SOn caractere a tout-à-fait changé. Elle n'a plus sa gaieté, sa vivacité. . .

Ses charmes s'effacent... Elle souffre... Hélas, depuis que j'ai perdu ma femme & que le Commandeur s'est établi chez moi, le bonheur s'en est éloigné ! . . . Quel prix il met à la fortune qu'il fait attendre à mes enfans ! . . . Ses vûes ambitieuses, & l'autorité qu'il a prise dans ma maison, me deviennent de jour en jour plus importunes . . . Nous vivions dans la paix & dans l'union. L'humeur inquiete & tyrannique de cet homme nous a tous séparés. On se craint, on s'évite, on me laisse; je suis solitaire au sein de ma famille, & je péris . . . Mais le jour est prêt à paroître, & mon fils ne vient point ! . . . Germeuil, l'amertume a rempli mon ame. Je ne puis plus supporter mon état. . . .

GERMEUIL.

Vous, Monsieur ?

LE PERE DE FAMILLE.

Oui, Germeuil.

GERMEUIL.

Si vous n'êtes pas heureux, quel pere l'a jamais été ?

LE PERE DE FAMILLE.

Aucun.... Mon ami, les larmes d'un pere coulent ſouvent en ſecret...

(*il ſoupire, il pleure*).

Tu vois les miennes... Je te montre ma peine.

GERMEUIL.

Monſieur, que faut-il que je faſſe?

LE PERE DE FAMILLE.

Tu peux, je crois, la ſoulager.

GERMEUIL.

Ordonnez.

LE PERE DE FAMILLE.

Je n'ordonnerai point. Je prierai. Je dirai : Germeuil, ſi j'ai pris de toi quelque ſoin ; ſi depuis tes plus jeunes ans je t'ai marqué de la tendreſſe, & ſi tu t'en ſouviens ; ſi je ne t'ai point diſtingué de mon fils ; ſi j'ai honoré en toi la mémoire d'un ami qui m'eſt & me ſera toûjours préſent... Je t'afflige ; pardonne ; c'eſt la premiere fois de ma vie & ce ſera la derniere.... Si je n'ai rien épargné pour te ſauver de l'infortune, & remplacer un pere à ton égard ; si je t'ai chéri ; si je t'ai gardé chez moi, malgré le Commandeur à qui tu déplais ; si je t'ouvre aujourd'hui mon cœur, reconnois mes bienfaits & répons à ma confiance.

GERMEUIL.

Ordonnez, Monsieur, ordonnez.

LE PERE DE FAMILLE.

Ne sçais-tu rien de mon fils ? ... Tu es son ami, mais tu dois être aussi le mien... Parle.... Rends-moi le repos ou acheve de me l'ôter.... Ne sçais-tu rien de mon fils ?

GERMEUIL.

Non, Monsieur.

LE PERE DE FAMILLE.

Tu es un homme vrai, & je te crois. Mais vois combien ton ignorance doit ajoûter à mon inquiétude. Quelle est la conduite de mon fils, puisqu'il la dérobe à un pere dont il a tant de fois éprouvé l'indulgence, & qu'il en fait mystere au seul homme qu'il aime ? ... Germeuil, je tremble que cet enfant...

GERMEUIL.

Vous êtes pere ; un pere eſt toûjours prompt à s'allarmer.

LE PERE DE FAMILLE.

Tu ne ſçais pas, mais tu vas ſçavoir & juger ſi ma crainte eſt précipitée... Dis-moi, depuis un tems n'as-tu pas remarqué combien il eſt changé ?

GERMEUIL.

Oui ; mais c'eſt en bien.. Il eſt moins curieux dans ſes chevaux, ſes gens, ſon équipage ; moins recherché dans ſa parure ? Il n'a plus aucune de ces fantaiſies que vous lui reprochiez ? Il a pris en dégoût les diſſipations de ſon âge ? Il fuit ſes complaiſans, ſes frivoles amis ? Il aime à paſſer les journées rétiré dans ſon cabinet ? Il lit ; il écrit ; il penſe ? Tant mieux. Il a fait de lui-même, ce que vous en auriez tôt ou tard exigé.

LE PERE DE FAMILLE.

Je me diſois cela, comme toi ; mais j'ignorois ce que je vais t'apprendre.... Ecoute..... Cette réforme dont, à ton avis, il faut que je me félicite, & ces abſences de nuit qui m'effrayent....

GERMEUIL.

Ces abſences & cette réforme?

LE PERE DE FAMILLE.

Ont commencé en même-tems;

(*Germeuil paroît ſurpris*)

Oui, mon ami, en même-tems.

GERMEUIL.

Cela eſt ſingulier.

LE PERE DE FAMILLE.

Cela eſt. Hélas, le deſordre ne m'eſt connu que depuis peu, mais il a duré... Arranger & ſuivre à la fois deux plans oppoſés, l'un de régularité qui nous en impoſe de jour, un autre de déréglement qu'il remplit la nuit; voilà ce qui m'accable... Que malgré ſa fierté naturelle, il ſe ſoit abaiſſé juſqu'à corrompre des valets; qu'il ſe ſoit rendu maître des portes de ma maiſon; qu'il attende que je répoſe; qu'il s'en informe ſecretement; qu'il s'échappe ſeul, à pied, toutes les nuits, par toute ſorte de tems, à toute heure,

c'eſt

c'est peut-être plus qu'aucun pere ne puisse souffrir, & qu'aucun enfant de son âge n'eût osé. . . . Mais avec une pareille conduite, affecter l'attention aux moindres devoirs, l'austérité dans les principes, la réserve dans les discours, le goût de la retraite, le mépris des distractions... Ah, mon ami ! ... Qu'attendre d'un jeune homme qui peut tout-à-coup se masquer & se contraindre à ce point ? ... Je regarde dans l'avenir, & ce qu'il me laisse entrevoir, me glace ... S'il n'étoit que vicieux, je n'en désespérerois pas. Mais s'il joue les mœurs & la vertu ! . . .

GERMEUIL.

En effet, je n'entens pas cette conduite ; mais je connois votre fils. La fausseté est de tous les défauts le plus contraire à son caractere.

LE PERE DE FAMILLE.

Il n'en est point qu'on ne prenne bientôt avec les méchans ; & maintenant avec qui penses-tu qu'il vive ? ... Tous les gens de bien dorment quand il veille ... Ah,

Germeuil ! . . . Mais il me ſemble que j'entens quelqu'un . . . C'eſt lui peut-être. . . . Eloigne-toi.

SCENE VI.

LE PERE DE FAMILLE *ſeul.*

Il s'avance vers l'endroit où il a entendu marcher. Il écoute, & dit triſtement :

JE n'entens plus rien.

Il ſe promene un peu, puis il dit :

Aſſeyons-nous.

Il cherche du repos : il n'en trouve point, & il dit :

Je ne ſçaurois... Quels preſſentimens s'élevent au fond de mon ame, s'y ſuccedent & l'agitent ! . . . O cœur trop ſenſible d'un pere, ne peux-tu te calmer un moment ! ... A l'heure qu'il eſt, peut-être il perd ſa ſanté . . . ſa fortune . . . ſes mœurs . . . Que ſçais-je ? ſa vie . . . ſon honneur . . . le mien . . .

Il ſe leve bruſquement, & dit :

Quelles idées me pourſuivent !

SCENE VII.

LE PERE DE FAMILLE, UN INCONNU.

Tandis que le Pere de Famille erre accablé de triſteſſe, entre un inconnu vêtu comme un homme du peuple, en redingote & en veſte; les bras cachés ſous ſa redingote, & le chapeau rabattu & enfoncé ſur les yeux. Il s'avance à pas lents. Il paroît plongé dans la peine & la rêverie. Il traverſe ſans appercevoir perſonne.

LE PERE DE FAMILLE

qui le voit venir à lui, l'attend, l'arrête par le bras, & lui dit :

Qui êtes-vous? Où allez-vous?

L'INCONNU

(*point de réponſe*).

LE PERE DE FAMILLE.

Qui êtes-vous? Où allez-vous?

L'INCONNU

(*point de réponſe encore*).

LE PERE DE FAMILLE

releve lentement le chapeau de l'Inconnu, reconnoît son fils, & s'écrie :

Ciel ! . . . C'est lui ! . . . C'est lui . . . Mes funestes pressentimens, les voilà donc accomplis ! . . . Ah ! . . .

Il pousse des accens douloureux, il s'éloigne, il revient. Il dit :

Je veux lui parler. . . . Je tremble de l'entendre. . . . Que vais-je sçavoir ! . . . J'ai trop vêcu. J'ai trop vêcu.

S.t ALBIN

(*en s'éloignant de son pere & soupirant de douleur*).

Ah !

LE PERE DE FAMILLE

(*le suivant*).

Qui es-tu ? D'où viens-tu ? . . . Aurois-je eu le malheur ? . . .

S.t ALBIN

(*s'éloignant encore*).

Je suis déséspéré.

LE PERE DE FAMILLE.

Grand Dieu, que faut-il que j'apprenne !

S.t ALBIN

(revenant & s'adressant à son pere).

Elle pleure. Elle soupire. Elle songe à s'éloigner; & si elle s'éloigne, je suis perdu.

LE PERE DE FAMILLE.

Qui, elle ?

S.t ALBIN.

Sophie... Non, Sophie, non... Je périrai plûtôt. ....

LE PERE DE FAMILLE.

Qui est cette Sophie ?... Qu'a-t-elle de commun avec l'état où je te vois, & l'effroi qu'il me cause ?

S.t ALBIN

(en se jettant aux pieds de son pere).

Mon pere, vous me voyez à vos pieds. Votre fils n'est pas indigne de vous. Mais il va périr; il va perdre celle qu'il chérit au-delà de la vie. Vous seul pouvez la lui conserver. Ecoutez-moi, pardonnez-moi, secourez-moi.

LE PERE DE FAMILLE.

Parle. Cruel enfant, aye pitié du mal que j'endure.

St Albin

(*toûjours à genoux*).

Si j'ai jamais éprouvé votre bonté ; si dès mon enfance, j'ai pû vous regarder comme l'ami le plus tendre ; si vous fûtes le confident de toutes mes joies & de toutes mes peines, ne m'abandonnez pas. Conservez-moi Sophie ; que je vous doive ce que j'ai de plus cher au monde. Protégez-la... Elle va nous quitter, rien n'est plus certain. . . Voyez-la, détournez-la de son projet .... La vie de votre fils en dépend .... Si vous la voyez, je serai le plus heureux de tous les enfans, & vous serez le plus heureux de tous les peres.

Le Pere de Famille.

Dans quel égarement il est tombé ? Qui est-elle, cette Sophie, qui est-elle ?

St Albin

(*relevé, allant & venant, avec enthousiasme*).

Elle est pauvre ; elle est ignorée ; elle habite un réduit obscur : mais c'est un ange, c'est un ange ; & ce réduit est le Ciel. Je n'en descendis jamais sans être meilleur.

Je ne vois rien dans ma vie dissipée & tumultueuse, à comparer aux heures innocentes que j'y ai passées. J'y voudrois vivre & mourir, dussai-je être méconnu, méprisé du reste de la terre... Je croyois avoir aimé. Je me trompois ... C'est à-présent que j'aime... (*en saisissant la main de son pere*). Oui... J'aime pour la premiere fois.

LE PERE DE FAMILLE.

Vous vous jouez de mon indulgence & de ma peine. Malheureux, laissez-là vos extravagances. Regardez-vous, & répondez-moi ? Qu'est-ce que cet indigne travestissement ? Que m'annonce-t-il ?

S.t ALBIN.

Ah, mon pere, c'est à cet habit que je dois mon bonheur, ma Sophie, ma vie.

LE PERE DE FAMILLE.

Comment ? parlez.

S.t ALBIN.

Il a fallu me rapprocher de son état, il a fallu lui dérober mon rang, devenir son égal. Ecoutez, écoutez.

LE PERE DE FAMILLE.

J'écoute, & j'attens.

S.t ALBIN.

Près de cet aſyle écarté qui la cache aux yeux des hommes ... Ce fut ma derniere reſſource.

LE PERE DE FAMILLE.

Eh bien ? ...

S.t ALBIN.

A côté de ce réduit ... Il y en avoit un autre.

LE PERE DE FAMILLE.

Achevez.

S.t ALBIN.

Je le loue. J'y fais porter les meubles qui conviennent à un indigent. Je m'y loge, & je deviens ſon voiſin ſous le nom de Sergi & ſous cet habit.

LE PERE DE FAMILLE.

Ah, je reſpire ! ... Graces à Dieu, du moins je ne vois plus en lui qu'un inſenſé.

S.t ALBIN.

Jugez ſi j'aimois ! ... Qu'il va m'en coûter cher ! ... Ah !

LE PERE DE FAMILLE.

Revenez à vous, & ſongez à mériter

par une entiere confiance le pardon de votre conduite.

S.t ALBIN.

Mon pere, vous ſçaurez tout. Hélas, je n'ai que ce moyen pour vous fléchir!... La premiere fois que je la vis, ce fut à l'Egliſe. Elle étoit à genoux, aux pieds des autels, auprès d'une femme âgée que je pris d'abord pour ſa mere. Elle attachoit tous les regards... Ah, mon pere, quelle modeſtie! quels charmes!... Non, je ne puis vous rendre l'impreſſion qu'elle fit ſur moi. Quel trouble j'éprouvai! Avec quelle violence mon cœur palpita! Ce que je reſſentis! Ce que je devins!... Depuis cet inſtant je ne penſai, je ne rêvai qu'elle. Son image me ſuivit le jour, m'obſéda la nuit, m'agita par-tout. J'en perdis la gaieté, la ſanté, le repos. Je ne pûs vivre ſans chercher à la retrouver. J'allois par-tout où j'eſpérois de la revoir. Je languiſſois, je périſſois, vous le ſçavez; lorſque je découvris que cette femme âgée qui l'accompagnoit, ſe nommoit

Madame Hébert, que Sophie l'appelloit ſa bonne ; & que reléguées toutes deux à un quatriéme étage, elles y vivoient d'une vie miſérable... Vous avouerai-je les eſpérances que je conçûs alors, les offres que je fis, tous les projets que je formai ? Que j'eus lieu d'en rougir, lorſque le Ciel m'eut inſpiré de m'établir à côté d'elle !.. Ah, mon pere, il faut que tout ce qui l'approche, devienne honnête ou s'en éloigne... Vous ignorez ce que je dois à Sophie, vous l'ignorez... Elle m'a changé. Je ne ſuis plus ce que j'étois... Dès les premiers inſtans, je ſentis les deſirs honteux s'éteindre dans mon ame, le reſpect & l'admiration leur ſuccéder. Sans qu'elle m'eût arrêté, contenu, peut-être même avant qu'elle eût levé les yeux ſur moi, je devins timide ; de jour en jour je le devins davantage, & bien-tôt il ne me fut pas plus libre d'attenter à ſa vertu qu'à ſa vie.

LE PERE DE FAMILLE.

Et que font ces femmes ? Quelles ſont leurs reſſources ?

St ALBIN.

Ah, ſi vous connoiſſiez la vie de ces infortunées ! Imaginez que leur travail commence avant le jour, & que ſouvent elles y paſſent les nuits. La bonne file au rouet. Une toile dure & groſſiere eſt entre les doigts tendres & délicats de Sophie, & les bleſſe. Ses yeux, les plus beaux yeux du monde, s'uſent à la lumiere d'une lampe. Elle vit ſous un toît, entre quatre murs tout dépouillés. Une table de bois, deux chaiſes de paille, un grabat ; voilà ſes meubles. . . O Ciel, quand tu la formas, étoit-ce là le ſort que tu lui deſtinois ?

LE PERE DE FAMILLE.

Et comment eûtes-vous accès ? Soyez vrai.

St ALBIN.

Il eſt inoui tout ce qui s'y oppoſoit, tout ce que je fis. Etabli auprès d'elles, je ne cherchai point d'abord à les voir ; mais quand je les rencontrois en deſcendant, en montant, je les ſaluois avec reſpect.

Le ſoir quand je rentrois (car le jour on me croyoit à mon travail), j'allois doucement frapper à leur porte, & je leur demandois les petits ſervices qu'on ſe rend entre voiſins, comme de l'eau, du feu, de la lumiere. Peu-à-peu elle ſe firent à moi. Elles prirent de la confiance. Je m'offris à les ſervir dans des bagatelles. Par exemple, elles n'aimoient pas ſortir à la nuit, j'allois & je venois pour elles.

LE PERE DE FAMILLE.

Que de mouvemens & de ſoins ! Et à quelle fin ! Ah, ſi les gens de bien ! . . . Continuez.

S.t ALBIN.

Un jour j'entens frapper à ma porte. C'étoit la bonne. J'ouvre. Elle entre ſans parler, s'aſſied, & ſe met à pleurer. Je lui demande ce qu'elle a. Sergi, me dit-elle, ce n'eſt pas ſur moi que je pleure. Née dans la miſere, j'y ſuis faite ; mais cette enfant me déſole . . . Qu'a-t-elle ? Que vous eſt-il arrivé ? . . . Hélas, répond la bonne, depuis huit jours nous n'avons plus d'ouvrage, & nous ſommes ſur le point de manquer de pain. Ciel ! m'écriai-je, tenez, allez, courez. Après cela ... je me renfermai, & l'on ne me vit plus.

LE PERE DE FAMILLE.

J'entens. Voilà le fruit des ſentimens qu'on leur inſpire. Ils ne ſervent qu'à les rendre plus dangereux.

S. ALBIN.

On s'apperçut de ma retraite, & je m'y attendois. La bonne Madame Hébert m'en fit des reproches. Je m'enhardis. Je l'interrogeai ſur leur ſituation. Je peignis la mienne comme il me plut. Je propoſai d'aſſocier notre indigence, & de l'alléger en vivant en commun. On fit des difficultés. J'inſiſtai, & l'on conſentit à la fin. Jugez de ma joie ? Hélas, elle a bien peu duré, & qui ſçait combien ma peine durera !

Hier j'arrivai à mon ordinaire. Sophie étoit ſeule. Elle avoit les coudes appuyés ſur ſa table, & la tête panchée ſur ſa main. Son ouvrage étoit tombé à ſes pieds. J'entrai ſans qu'elle m'entendît. Elle ſoupiroit. Des larmes s'échappoient d'entre ſes doigts, & couloient le long de ſes bras. Il y avoit déjà quelque tems que je la trouvois triſte... Pourquoi pleuroit-elle ? Qu'eſt-ce qui l'affligeoit ? Ce n'étoit plus le beſoin. Son travail & mes attentions pourvoyoient à tout... Menacé du ſeul malheur que je redoutois, je ne balançai point. Je me jettai à ſes genoux. Quelle fut ſa ſurpriſe ! Sophie, lui dis-je, vous pleurez ! Qu'avez-vous ? Ne me celez pas votre peine. Parlez-moi ; de grace, parlez-moi. Elle ſe taiſoit. Ses larmes continuoient de couler. Ses yeux où la ſérénité n'étoit plus, noyés dans les pleurs, ſe tournoient ſur moi, s'en éloignoient, y revenoient. Elle diſoit ſeulement : pauvre Sergi ! malheureuſe Sophie ! Cependant j'avois baiſſé mon viſage ſur ſes genoux, & je mouillois ſon tablier de mes larmes. Alors la bonne rentra. Je me leve. Je cours à elle. Je l'interroge. Je reviens à Sophie. Je la conjure. Elle s'obſtine au-

ſilence. Le déſéſpoir s'empare de moi. Je marche dans la chambre ſans ſçavoir ce que je fais. Je m'écrie douloureuſement, c'eſt fait de moi. Sophie, vous voulez nous quitter; c'eſt fait de moi. A ces mots ſes pleurs redoublent, & elle retombe ſur ſa table comme je l'avois trouvée. La lueur pâle & ſombre d'une petite lampe éclairoit cette ſcene de douleur qui a duré toute la nuit. A l'heure que le travail eſt cenſé m'appeller, je ſuis ſorti, & je me retirois ici accablé de ma peine. . .

LE PERE DE FAMILLE.

Tu ne penſois pas à la mienne.

S.t ALBIN.

Mon pere.

LE PERE DE FAMILLE.

Que voulez-vous? Qu'eſpérez-vous?

S.t ALBIN.

Que vous mettrez le comble à tout ce que vous avez fait pour moi depuis que je ſuis; que vous verrez Sophie; que vous lui parlerez; que . . .

LE PERE DE FAMILLE.

Jeune inſenſé ! .. Et ſçavez-vous qui elle eſt ?

S.t ALBIN.

C'eſt-là ſon ſecret. Mais ſes mœurs, ſes ſentimens, ſes diſcours, n'ont rien de conforme à ſa condition préſente. Un autre état perce à-travers la pauvreté de ſon vêtement. Tout la trahit juſqu'à je ne ſçais quelle fierté qu'on lui a inſpirée, & qui la rend impénétrable ſur ſon état.... Si vous voïez ſon ingénuité, ſa douceur, ſa modeſtie ... Vous vous ſouvenez bien de maman ... Vous ſoupirez. Eh bien, c'eſt-elle. Mon papa, voyez-la ; & ſi votre fils vous a dit un mot ...

LE PERE DE FAMILLE.

Et cette femme chez qui elle eſt, ne vous en a rien appris ?

S.t ALBIN.

Hélas, elle eſt auſſi réſervée que Sophie ! Ce que j'en ai pû tirer, c'eſt que cette enfant eſt venue de province implorer l'aſſiſtance d'un parent, qui n'a voulu

ni

ni la voir ni la ſecourir. J'ai profité de cette confidence pour adoucir ſa miſere, ſans offenſer ſa délicateſſe. Je fais du bien à ce que j'aime, & il n'y a que moi qui le ſçache.

LE PERE DE FAMILLE.

Avez-vous dit que vous aimiez ?

St ALBIN

(*avec vivacité*).

Moi, mon pere ? . . Je n'ai pas même entrevû dans l'avenir le moment où je l'oſerois.

LE PERE DE FAMILLE.

Vous ne vous croyez donc pas aimé ?

St ALBIN.

Pardonnez-moi . . . Hélas, quelquefois je l'ai crû ! . . .

LE PERE DE FAMILLE.

Et ſur quoi ?

St ALBIN.

Sur des choſes legéres qui ſe ſentent mieux qu'on ne les dit. Par exemple, elle prend intérêt à tout ce qui me touche. Auparavant, ſon viſage s'éclairciſſoit à mon arrivée ; ſon regard s'animoit ; elle avoit plus de gaieté. J'ai crû deviner qu'elle m'attendoit. Souvent elle m'a plaint d'un travail qui prenoit toute ma journée. Je ne doute pas qu'elle n'ait prolongé le ſien dans la nuit pour m'arrêter plus longtems . . .

LE PERE DE FAMILLE.

Vous m'avez tout dit ?

S.t ALBIN.

Tout.

LE PERE DE FAMILLE
(*après une pauſe*).

Allez vous repoſer . . . Je la verrai.

S.t ALBIN.

Vous la verrez ? Ah, mon pere, vous la verrez ! . . . Mais ſongez que le tems preſſe . . .

LE PERE DE FAMILLE.

Allez, & rougiſſez de n'être pas plus occupé des allarmes que votre conduite m'a données, & peut me donner encore.

S.t ALBIN.

Mon pere, vous n'en aurez plus.

SCENE VIII.

LE PERE DE FAMILLE *seul.*

DE l'honnêteté, des vertus, de l'indigence, de la jeunesse, des charmes, tout ce qui enchaîne les ames bien nées! . . . A peine délivré d'une inquiétude, je retombe dans une autre... Quel sort! . . . Mais peut-être m'allarmai-je encore trop tôt . . . Un jeune homme passionné, violent, s'exagere à lui-même, aux autres. . . Il faut voir . . . Il faut appeller ici cette fille, l'entendre, lui parler. . . Si elle est telle qu'il me la dépeint, je pourrai l'intéresser, l'obliger. . . Que sçais-je? . . .

SCENE IX.

LE PERE DE FAMILLE, LE COMMANDEUR *en robe de chambre & en bonnet de nuit.*

LE COMMANDEUR.

EH bien, Monsieur d'Orbesson, vous avez vû votre fils ? De quoi s'agit-il ?

LE PERE DE FAMILLE.

Monsieur le Commandeur, vous le sçaurez. Entrons.

LE COMMANDEUR.

Un mot, s'il vous plaît... Voilà votre fils embarqué dans une aventure qui va vous donner bien du chagrin ; n'est-ce pas ?

LE PERE DE FAMILLE.

Mon frere...

LE COMMANDEUR.

Afin qu'un jour vous n'en prétendiez cause d'ignorance, je vous avertis que votre chere fille & ce Germeuil que vous gardez ici malgré moi, vous en préparent de leur côté, & s'il plaît à Dieu, ne vous en laisseront pas manquer.

LE PERE DE FAMILLE.

Mon frere, ne m'accorderez-vous pas un instant de repos ?

LE COMMANDEUR.

Ils s'aiment ; c'est moi qui vous le dis.

LE PERE DE FAMILLE
(*impatienté*).

Eh bien, je le voudrois.

(*Le Pere de Famille entraîne le Commandeur hors de la Scène, tandis qu'il parle*).

LE COMMANDEUR.

Soyez content. D'abord ils ne peuvent ni se souffrir, ni se quitter. Ils se brouillent sans cesse, & sont toûjours bien. Prêts à s'arracher les yeux sur des riens, ils ont une ligue offensive & défensive envers & contre tous. Qu'on s'avise de remarquer en eux quelques-uns des défauts dont ils se reprennent, on y sera bien venu....

Hâtez-vous de les ſéparer ; c'eſt moi qui vous le dis...

LE PERE DE FAMILLE.

Allons, Monſieur le Commandeur ; entrons. Entrons, Monſieur le Commandeur.

Fin du premier Acte.

ACTE SECOND.

SCENE I.

LE PERE DE FAMILLE, CECILE, *Mademoiselle* CLAIRET, *Monsieur* LE BON, UN PAYSAN, *Madame* PAPILLON *Marchande à la toilette, avec une de ses Ouvrieres*, LA BRIE, PHILIPPE *domestique qui vient se présenter, Un Homme vêtu de noir qui a l'air d'un pauvre honteux, & qui l'est.*

Toutes ces personnes arrivent les unes après les autres. Le paysan se tient debout, le corps panché sur son bâton. Madame Papillon assise dans un fauteuil, s'essuie le visage avec son mouchoir; sa fille de boutique est debout à côté d'elle, avec un petit carton sous le bras. Monsieur Le Bon est étalé négligemment sur un canapé. L'homme vêtu de noir est retiré à l'écart, debout dans un coin auprès d'une fenêtre. La Brie eſt en veſte & en papillotes. Philippe eſt habillé. La Brie tourne autour de lui, & le regarde un peu de travers ; tandis que Monſieur Le Bon examine avec ſa lorgnette la fille de boutique de Madame Papillon.

Le Pere de Famille entre, & tout le monde ſe leve.

Il eſt ſuivi de ſa fille, & ſa fille précédée de ſa femme-de-chambre qui porte le déjeuner de ſa maîtreſſe. Mademoiſelle Clairet fait en paſſant un petit ſalut de protection à Madame Papillon. Elle ſert le déjeuner de ſa maîtreſſe ſur une petite table. Cécile s'aſſied d'un côté de cette table. Le Pere de Famille eſt aſſis de l'autre. Mademoiſelle Clairet eſt debout derriere le fauteuil de ſa maîtreſſe.

Cette Scène eſt compoſée de deux Scènes ſimultanées. Celle de Cécile ſe dit à demi-voix.

LE PERE DE FAMILLE

(*au Payſan*).

Ah, c'eſt vous qui venez enchérir ſur

le bail de mon fermier de Limeuil. J'en ſuis content. Il eſt exact. Il a des enfans. Je ne ſuis pas fâché qu'il faſſe avec moi ſes affaires. Retournez-vous-en.

(*Mademoiſelle Clairet fait ſigne à Madame Papillon d'approcher*).

CÉCILE

(*à Madame Papillon, bas*).

M'apportez-vous de belles choſes?

LE PERE DE FAMILLE

(*à ſon Intendant*).

Eh bien, Monſieur le Bon, qu'eſt-ce qu'il y a?

M.me PAPILLON.

(*bas à Cécile*).

Mademoiſelle, vous allez voir.

M.r LE BON.

Ce débiteur dont le billet eſt échu depuis un mois, demande encore à différer ſon payement.

LE PERE DE FAMILLE.

Les tems ſont durs; accordez-lui le délai qu'il demande. Riſquons une petite ſomme, plûtôt que de le ruiner.

(Pendant que la Scène marche, Madame Papillon & sa fille de boutique déployent sur des fauteuils des Perses, des Indiennes, des satins de Hollande, &c. Cécile, tout en prenant son caffé, regarde, approuve, desapprouve, fait mettre à part, &c.).

M.r LE BON.

Les ouvriers qui travailloient à votre maison d'Orsigny, sont venus.

LE PERE DE FAMILLE.

Faites leur compte.

M.r LE BON.

Cela peut aller au-delà des fonds.

LE PERE DE FAMILLE.

Faites toûjours. Leurs besoins sont plus pressans que les miens, & il vaut mieux que je sois gêné qu'eux.

(A sa fille).

Cécile, n'oubliez pas mes pupilles. Voyez s'il n'y a rien là qui leur convienne...

(Ici il apperçoit le pauvre honteux. Il se leve avec empressement. Il s'avance vers lui, & lui dit bas :)

Pardon, Monsieur ; je ne vous voyois

pas. . . Des embarras domeſtiques m'ont occupé. . . Je vous avois oublié.

(*Tout en parlant, il tire une bourſe qu'il lui donne furtivement; & tandis qu'il le reconduit & qu'il revient, l'autre Scène avance*).

M.lle CLAIRET.

Ce deſſein eſt charmant.

CÉCILE.

Combien cette piéce?

M.me PAPILLON.

Dix louis, au juſte.

M.lle CLAIRET.

C'eſt donner.

(*Cécile paye*).

LE PERE DE FAMILLE

(*en revenant, bas & d'un ton de commiſération*).

Une famille à élever; un état à ſoûtenir, & point de fortune!

CÉCILE.

Qu'avez-vous-là, dans ce carton?

LA FILLE DE BOUTIQUE.

Ce ſont des dentelles.

(*Elle ouvre ſon carton*).

CÉCILE

(*vivement*).

Je ne veux pas les voir. Adieu, Madame Papillon.

(*Mademoiselle Clairet, Madame Papillon & sa fille de boutique sortent*).

M.r LE BON.

Ce voisin qui a formé des prétentions sur votre terre, s'en désisteroit peut-être, si...

LE PERE DE FAMILLE.

Je ne me laisserai pas dépouiller. Je ne sacrifierai point les intérêts de mes enfans à l'homme avide & injuste. Tout ce que je puis, c'est de céder, si l'on veut, ce que la poursuite de ce procès pourra me coûter. Voyez.

(*Monsieur le Bon sort*).

LE PERE DE FAMILLE

(*le rappelle & lui dit*) :

A-propos, Monsieur le Bon. Souvenez-vous de ces gens de province. Je viens d'apprendre qu'ils ont envoyé ici un de leurs enfans : tâchez de me le découvrir.

(*à la Brie, qui s'occupoit à ranger le Sallon*).

Vous n'êtes plus à mon ſervice. Vous connoiſſiez le déréglement de mon fils. Vous m'avez menti. On ne ment pas chez moi.

CÉCILE

(*intercédant*).

Mon pere.

LE PERE DE FAMILLE.

Nous ſommes bien étranges. Nous les aviliſſons. Nous en faiſons de malhonnêtes gens; & lorſque nous les trouvons tels, nous avons l'injuſtice de nous en plaindre.

(*à la Brie*).

Je vous laiſſe votre habit, & je vous accorde un mois de vos gages. Allez.

(*à Philippe*).

Eſt-ce vous dont on vient de me parler?

PHILIPPE.

Oui, Monſieur.

LE PERE DE FAMILLE.

Vous avez entendu pourquoi je le renvoye. Souvenez-vous-en. Allez, & ne laiſſez entrer perſonne.

SCENE II.

LE PERE DE FAMILLE, CECILE.

LE PERE DE FAMILLE.

MA fille, avez-vous réfléchi?

CE'CILE.

Oui, mon pere.

LE PERE DE FAMILLE.

Qu'avez-vous résolu?

CE'CILE.

De faire en tout votre volonté.

LE PERE DE FAMILLE.

Je m'attendois à cette réponse.

CE'CILE.

Si cependant il m'étoit permis de choisir un état...

LE PERE DE FAMILLE.

Quel est celui que vous préféreriez?... Vous hésitez... Parlez, ma fille.

CE'CILE.

Je préférerois la retraite.

LE PERE DE FAMILLE.

Que voulez-vous dire? Un couvent?

CÉCILE.

Oui, mon pere. Je ne vois que cet aſile contre les peines que je crains.

LE PERE DE FAMILLE.

Vous craignez des peines, & vous ne penſez pas à celles que vous me cauſeriez? Vous m'abandonneriez? Vous quitteriez la maiſon de votre pere, pour un cloître? la ſociété de votre oncle, de votre frere, & la mienne, pour la ſervitude? Non, ma fille, cela ne ſera point. Je reſpecte la vocation religieuſe, mais ce n'eſt pas la vôtre. La Nature, en vous accordant les qualités ſociales, ne vous deſtina point à l'inutilité... Cécile, vous ſoupirez... Ah, ſi ce deſſein te venoit de quelque cauſe ſecrete, tu ne ſçais pas le ſort que tu te préparerois. Tu n'as pas entendu les gémiſſemens des infortunées dont tu irois augmenter le nombre. Ils percent la nuit & le ſilence de leurs priſons. C'eſt alors, mon enfant, que les larmes coulent ameres & ſans témoin, & que les couches ſolitaires en ſont arroſées... Mademoiſelle, ne me parlez jamais de couvent... Je n'aurai point donné la vie à un enfant; je ne l'aurai point élevé; je n'aurai point travaillé ſans relâche à aſſûrer ſon bonheur, pour le laiſſer deſcendre tout vif dans un tombeau, & avec lui mes eſpérances, & celles de la ſociété trompées... Et qui la repeuplera de citoyens vertueux, ſi les femmes les plus dignes d'être des meres de famille, s'y refuſent?

CÉCILE.

Je vous ai dit, mon pere, que je ferois en tout votre volonté.

LE PERE DE FAMILLE

Ne me parlez donc jamais de couvent.

CÉCILE.

Mais j'oſe eſpérer que vous ne contraindrez pas votre fille à changer d'état, & que du-moins il lui ſera permis de paſſer des jours tranquilles & libres à côté de vous.

LE PERE DE FAMILLE.

Si je ne considérois que moi, je pourrois approuver ce parti. Mais je dois vous ouvrir les yeux sur un tems où je ne serai plus... Cécile, la Nature a ses vûes ; & si vous regardez bien, vous verrez sa vengeance sur tous ceux qui les ont trompées ; les hommes punis du célibat par le vice, les femmes par le mépris & par l'ennui... Vous connoissez les différens états ; dites-moi, en est-il un plus triste & moins considéré que celui d'une fille âgée ? Mon enfant, passé trente ans on suppose quelque défaut de corps ou d'esprit à celle qui n'a trouvé personne qui fût tenté de supporter avec elle les peines de la vie. Que cela soit ou non, l'âge avance, les charmes passent, les hommes s'éloignent, la mauvaise humeur prend ; on perd ses parens, ses connoissances, ses amis. Une fille surannée n'a plus autour d'elle que des indifférens qui la négligent, ou des ames intéressées qui comptent ses jours. Elle le sent ; elle s'en afflige ; elle vit ſans qu'on la conſole, & meurt ſans qu'on la pleure.

CÉCILE.

Cela eſt vrai. Mais eſt-il un état ſans peine ; & le mariage n'a-t-il pas les ſiennes ?

LE PERE DE FAMILLE.

Qui le ſçait mieux que moi ? Vous me l'apprenez tous les jours. Mais c'eſt un état que la Nature impoſe. C'eſt la vocation de tout ce qui reſpire... Ma fille, celui qui compte ſur un bonheur ſans mélange, ne connoît ni la vie de l'homme, ni les deſſeins du Ciel ſur lui... Si le mariage expoſe à des peines cruelles, c'eſt auſſi la ſource des plaiſirs les plus doux. Où ſont les exemples de l'intérêt pur & ſincere, de la tendreſſe réelle, de la confiance intime, des ſecours continus, des ſatisfactions réciproques, des chagrins partagés, des ſoupirs entendus, des larmes confondues, ſi ce n'eſt dans le mariage ? Qu'eſt-ce que l'homme de bien préfére à ſa femme ? Qu'y-a-t-il au monde qu'un pere aime plus que ſon enfant ? . . O lien ſacré des époux, ſi je penſe à vous, mon ame s'échauffe & s'éleve ! . . O noms tendres de fils & de fille, je ne vous prononçai jamais ſans treſſaillir, ſans être touché ! Rien n'eſt plus doux à mon oreille ; rien n'eſt plus intéreſſant à mon cœur . . . Cécile, rappellez-vous la vie de votre mere : en eſt-il une plus douce que celle d'une femme qui a employé ſa journée à remplir les devoirs d'épouſe attentive, de mere tendre, de maîtreſſe compatiſſante ? . . Quel ſujet de réfléxions délicieuſes elle emporte en ſon cœur, le ſoir, quand elle ſe retire !

CÉCILE.

Oui, mon pere. Mais où ſont les femmes comme elle, & les époux comme vous ?

LE PERE DE FAMILLE.

Il en eſt, mon enfant ; & il ne tiendroit qu'à toi d'avoir le ſort qu'elle eut.

CÉCILE

S'il ſuffiſoit de regarder autour de ſoi,

d'écouter ſa raiſon & ſon cœur . . .

LE PERE DE FAMILLE.

Cécile, vous baiſſez les yeux. Vous tremblez. Vous craignez de parler . . . Mon enfant, laiſſe-moi lire dans ton ame. Tu ne peux avoir de ſecret pour ton pere ; & ſi j'avois perdu ta confiance, c'eſt en moi que j'en chercherois la raiſon . . . Tu pleures . . .

CÉCILE.

Votre bonté m'afflige. Si vous pouviez me traiter plus ſévérement.

LE PERE DE FAMILLE.

L'auriez-vous mérité ? Votre cœur vous feroit-il un reproche ?

CÉCILE.

Non, mon pere.

LE PERE DE FAMILLE.

Qu'avez-vous donc ?

CÉCILE.

Rien.

LE PERE DE FAMILLE

Vous me trompez, ma fille.

CÉCILE.

Je ſuis accablée de votre tendreſſe . . . Je voudrois y répondre.

LE PERE DE FAMILLE.

Cécile, auriez-vous diſtingué quelqu'un? Aimeriez-vous?

CÉCILE.

Que je ſerois à plaindre!

LE PERE DE FAMILLE.

Dites. Dis mon enfant. Si tu ne me ſuppoſes pas une ſévérité que je ne connus jamais, tu n'auras pas une réſerve déplacée. Vous n'êtes plus un enfant. Comment blamerois-je en vous un ſentiment que je fis naître dans le cœur de votre mere? O vous qui tenez ſa place dans ma maiſon, & qui me la repréſentez, imitez-la dans la franchiſe qu'elle eut avec celui qui lui avoit donné la vie, & qui voulut ſon bonheur & le mien . . . Cécile, vous ne me répondez rien?

CÉCILE.

Le ſort de mon frere me fait trembler.

LE PERE DE FAMILLE.

Votre frere est un fou.

CÉCILE.

Peut-être ne me trouveriez-vous pas plus raisonnable que lui.

LE PERE DE FAMILLE.

Je ne crains pas ce chagrin de Cécile. Sa prudence m'est connue ; & je n'attens que l'aveu de son choix, pour le confirmer.

(Cécile se tait. Le Pere de Famille attend un moment ; puis il continue d'un ton sérieux & même un peu chagrin).

Il m'eût été doux d'apprendre vos sentimens de vous-même ; mais de quelque maniere que vous m'en instruisiez, je serai satisfait. Que ce soit par la bouche de votre oncle, de votre frere, ou de Germeuil, il n'importe... Germeuil est notre ami commun... C'est un homme sage & discret... Il a ma confiance... Il ne me paroît pas indigne de la vôtre.

CÉCILE.

C'est ainsi que j'en pense.

LE PERE DE FAMILLE.

Je lui dois beaucoup. Il eſt tems que je m'acquitte avec lui.

CÉCILE.

Vos enfans ne mettront jamais de bornes ni à votre autorité, ni à votre reconnoiſſance . . . Juſqu'à préſent il vous a honoré comme un pere, & vous l'avez traité comme un de vos enfans.

LE PERE DE FAMILLE.

Ne ſçauriez-vous point ce que je pourrois faire pour lui ?

CÉCILE.

Je crois qu'il faut le conſulter lui-même. . . Peut-être a-t-il des idées. . . Peut-être. . . Quel conſeil pourrois-je vous donner ?

LE PERE DE FAMILLE.

Le Commandeur m'a dit un mot.

CÉCILE

(*avec vivacité*).

J'ignore ce que c'eſt ; mais vous connoiſſez mon oncle. Ah, mon pere, n'en croyez rien.

LE PERE DE FAMILLE.

Il faudra donc que je quitte la vie ſans avoir vû le bonheur d'aucun de mes enfans . . . Cécile . . . Cruels enfans, que vous ai-je fait pour me déſoler ? . . . J'ai perdu la confiance de ma fille. Mon fils s'eſt précipité dans des liens que je ne puis approuver, & qu'il faut que je rompe . . .

SCENE III.

LE PERE DE FAMILLE, CECILE, PHILIPPE.

PHILIPPE.

MOnſieur, il y a là deux femmes qui demandent à vous parler.

LE PERE DE FAMILLE.

Faites entrer.

(*Cécile ſe retire. Son pere la rappelle & lui dit triſtement.*)

Cécile !

CÉCILE.

Mon pere.

LE PERE DE FAMILLE.

Vous ne m'aimez donc plus ?

(*Les femmes annoncées entrent, & Cécile sort avec son mouchoir sur les yeux*).

SCENE IV.

LE PERE DE FAMILLE, SOPHIE, M.me HEBERT.

LE PERE DE FAMILLE

(*appercevant Sophie, dit d'un ton triste, & avec l'air étonné*)

IL ne m'a point trompé. Quels charmes ! Quelle modestie ! Quelle douceur ! ... Ah ! ...

M.me HÉBERT.

Monsieur, nous nous rendons à vos ordres.

LE PERE DE FAMILLE.

C'est vous, Mademoiselle, qui vous appellez Sophie ?

SOPHIE

(*tremblante, troublée*).

Oui, Monsieur.

LE PERE DE FAMILLE
(*à Madame Hébert*).

Madame, j'aurois un mot à dire à Mademoiselle. J'en ai entendu parler, & je m'y intéresse.

(*Madame Hébert se retire*).

SOPHIE
(*toûjours tremblante, la retenant par le bras*).

Ma bonne ?

LE PERE DE FAMILLE.

Mon enfant, remettez-vous. Je ne vous dirai rien qui puisse vous faire de la peine.

SOPHIE.

Hélas!

(*Madame Hébert va s'asseoir sur le fond de la salle; elle tire son ouvrage & travaille*).

LE PERE DE FAMILLE
(*conduit Sophie à une chaise, & la fait asseoir à côté de lui*).

D'où êtes-vous, Mademoiselle ?

SOPHIE.

Je suis d'une petite ville de province.

LE PERE DE FAMILLE.

Y a-t-il long-tems que vous êtes à Paris?

SOPHIE.

Pas long-tems, & plût au Ciel que je n'y fusse jamais venue!

LE PERE DE FAMILLE.

Qu'y faites-vous?

SOPHIE.

J'y gagne ma vie par mon travail.

LE PERE DE FAMILLE.

Vous êtes bien jeune.

SOPHIE.

J'en aurai plus long-tems à souffrir.

LE PERE DE FAMILLE.

Avez-vous Monsieur votre pere?

SOPHIE.

Non, Monsieur.

LE PERE DE FAMILLE.

Et votre mere?

SOPHIE.

Le Ciel me l'a conservée. Mais elle a eu tant de chagrins; sa santé est si chancelante, & sa misere si grande!

LE PERE DE FAMILLE.

Votre mere eſt donc bien pauvre ?

SOPHIE.

Bien pauvre. Avec cela, il n'en eſt point au monde dont j'aimaſſe mieux être la fille.

LE PERE DE FAMILLE.

Je vous loue de ce ſentiment ; vous paroiſſez bien née... Et qu'étoit votre pere ?

SOPHIE.

Mon pere fut un homme de bien. Il n'entendit jamais le malheureux, ſans en avoir pitié. Il n'abandonna pas ſes amis dans la peine, & il devint pauvre. Il eut beaucoup d'enfans de ma mere ; nous demeurâmes tous ſans reſſource à ſa mort... J'étois bien jeune alors... Je me ſouviens à peine de l'avoir vû... Ma mere fut obligée de me prendre entre ſes bras, & de m'élever à la hauteur de ſon lit pour l'embraſſer & recevoir ſa bénédiction.... Je pleurois. Hélas ! je ne ſentois pas tout ce que je perdois ! . . . .

LE PERE DE FAMILLE.

Elle me touche... Et qu'eſt-ce qui vous a fait quitter la maiſon de vos parens & votre pays ?

SOPHIE.

Je ſuis venue ici avec un de mes freres implorer l'aſſiſtance d'un parent, qui a été bien dur envers nous. Il m'avoit vûe autrefois en province. Il paroiſſoit avoir pris de l'affection pour moi, & ma mere avoit eſpéré qu'il s'en reſſouviendroit. Mais il a fermé ſa porte à mon frere, & il m'a fait dire de n'en pas approcher.

LE PERE DE FAMILLE.

Qu'eſt devenu votre frere ?

SOPHIE.

Il s'eſt mis au ſervice du Roi. Et moi je ſuis reſtée avec la perſonne que vous voyez, & qui a la bonté de me regarder comme ſon enfant.

LE PERE DE FAMILLE.

Elle ne paroît pas fort aiſée.

SOPHIE.

Elle partage avec moi ce qu'elle a.

LE PERE DE FAMILLE.

Et vous n'avez plus entendu parler de ce parent ?

SOPHIE.

Pardonnez-moi, Monſieur. J'en ai reçû quelques ſecours. Mais de quoi cela ſert-il à ma mere !

LE PERE DE FAMILLE.

Votre mere vous a donc oubliée ?

SOPHIE.

Ma mere avoit fait un dernier effort pour nous envoyer à Paris. Hélas, elle attendoit de ce voyage un ſuccès plus heureux. Sans cela, auroit-elle pû ſe réſoudre à m'éloigner d'elle ? Depuis elle n'a plus ſçû comment me faire revenir. Elle me mande cependant qu'on doit me reprendre, & me ramener dans peu. Il faut que quelqu'un s'en ſoit chargé par pitié. Ho, nous ſommes bien à plaindre !

LE PERE DE FAMILLE.

Et vous ne connoîtriez ici perſonne qui pût vous ſecourir ?

SOPHIE.

Perſonne.

LE PERE DE FAMILLE.

Et vous travaillez pour vivre ?

SOPHIE.

Oui, Monſieur.

LE PERE DE FAMILLE.

Et vous vivez ſeules ?

SOPHIE.

Seules.

LE PERE DE FAMILLE.

Mais qu'eſt-ce qu'un jeune homme dont on m'a parlé, qui s'appelle Sergi, & qui demeure à côté de vous ?

M.me HÉBERT

(*avec vivacité & quittant ſon travail*).

Ah, Monſieur, c'eſt le garçon le plus honnête !

SOPHIE.

C'eſt un malheureux, qui gagne ſon pain comme nous, & qui a uni ſa miſére à la nôtre.

LE PERE DE FAMILLE.

Eſt-ce là tout ce que vous en ſçavez ?

SOPHIE.

Oui, Monſieur.

LE PERE DE FAMILLE.

Eh bien, Mademoiselle, ce malheureux-là. . .

SOPHIE.

Vous le connoissez ?

LE PERE DE FAMILLE.

Si je le connois ! . . c'est mon fils.

SOPHIE.

Votre fils !

M.me HÉBERT.

(*en même tems*).

Sergi !

LE PERE DE FAMILLE.

Oui, Mademoiselle.

SOPHIE.

Ah, Sergi, vous m'avez trompée !

LE PERE DE FAMILLE.

Fille aussi vertueuse que belle, connoissez le danger que vous avez couru.

SOPHIE.

Sergi est votre fils !

LE PERE DE FAMILLE.

Il vous estime, vous aime ; mais sa

passion prépareroit votre malheur & le sien, si vous la nourrissiez.

SOPHIE.

Pourquoi suis-je venue dans cette ville ? Que ne m'en suis-je allée lorsque mon cœur me le disoit !

LE PERE DE FAMILLE.

Il en est tems encore. Il faut aller retrouver une mere qui vous rappelle, & à qui votre séjour ici doit causer la plus grande inquiétude. Sophie, vous le voulez ?

SOPHIE.

Ah, ma mere, que vous dirai-je ?

LE PERE DE FAMILLE
(*à Madame Hébert*).

Madame, vous reconduirez cet enfant, & j'aurai soin que vous ne regrettiez pas la peine que vous aurez prise.

(*Madame Hébert fait la révérence*).

LE PERE DE FAMILLE
(*continuant, à Sophie*).

Mais, Sophie, si je vous rends à votre mere, c'est à vous à me rendre mon fils.

C'eſt à vous à lui apprendre ce que l'on doit à ſes parens ; vous le ſçavez ſi bien.

SOPHIE.

Ah, Sergi ! pourquoi...

LE PERE DE FAMILLE.

Quelque honnêteté qu'il ait mis dans ſes vûes, vous l'en ferez rougir. Vous lui annoncerez votre départ, & vous lui ordonnerez de finir ma douleur & le trouble de ſa famille.

SOPHIE.

Ma bonne...

M.me HÉBERT.

Mon enfant...

SOPHIE

(*en s'appuyant ſur elle*).

Je me ſens mourir...

M.me HÉBERT.

Monſieur, nous allons nous retirer, & attendre vos ordres.

SOPHIE.

Pauvre Sergi ! Malheureuſe Sophie !

(*Elle ſort appuyée ſur Madame Hébert*).

SCENE V.

LE PERE DE FAMILLE *seul.*

O Loix du monde ! O préjugés cruels ! . . . Il y a déjà si peu de femmes pour un homme qui pense & qui sent. Pourquoi faut-il que le choix en soit encore si limité ! . . . Mais mon fils ne tardera pas à venir . . . Secouons, s'il se peut, de mon ame, l'impression que cet enfant y a faite . . . Lui représenterai-je comme il me convient, ce qu'il me doit, ce qu'il se doit à lui-même, si mon cœur est d'accord avec le sien ? . . .

SCENE VI.

LE PERE DE FAMILLE, S.t ALBIN.

S^t. ALBIN

(*en entrant, & avec vivacité*).

MOn pere.

(*Le Pere de Famille se promene & garde le silence*).

S.t Albin

(*suivant son pere & d'un ton suppliant*).

Mon pere.

Le Pere de Famille

(*s'arrêtant, & d'un ton sérieux*).

Mon fils, si vous n'êtes pas rentré en vous-même, si la raison n'a pas recouvré ses droits sur vous, ne venez pas aggraver vos torts & mon chagrin.

S.t Albin.

Vous m'en voyez pénétré. J'approche de vous en tremblant . . . Je serai tranquille & raisonnable . . . Oui, je le serai . . . Je me le suis promis.

(*Le Pere de Famille continue de se promener*).

S.t Albin

(*s'approchant avec timidité, lui dit d'une voix basse & tremblante*).

Vous l'avez vûe?

Le Pere de Famille.

Oui, je l'ai vûe. Elle est belle, & je la crois sage. Mais qu'en prétendez-vous faire? Un amuſement? Je ne le ſouffrirois pas. Votre femme? Elle ne vous convient pas.

St ALBIN

(*en ſe contenant*).

Elle eſt belle, elle eſt ſage, & elle ne me convient pas! Quelle eſt donc la femme qui me convient?

LE PERE DE FAMILLE.

Celle qui par ſon éducation, ſa naiſſance, ſon état & ſa fortune, peut aſſûrer votre bonheur, & ſatisfaire à mes eſpérances.

St ALBIN.

Ainſi le mariage ſera pour moi un lien d'intérêt & d'ambition? Mon pere, vous n'avez qu'un fils; ne le ſacrifiez pas à des vûes qui rempliſſent le monde d'époux malheureux. Il me faut une compagne honnête & ſenſible, qui m'apprenne à ſupporter les peines de la vie, & non une femme riche & titrée qui les accroiſſe. Ah ſouhaitez-moi la mort, & que le Ciel me l'accorde plûtôt qu'une femme comme j'en vois!

Je ne vous en propoſe aucune ; mais je ne permettrai jamais que vous ſoyez à celle à laquelle vous vous êtes follement attaché. Je pourrois uſer de mon autorité & vous dire : S.t Albin, cela me déplaît, cela ne ſera pas, n'y penſez plus. Mais je ne vous ai jamais rien demandé ſans vous en montrer la raiſon. J'ai voulu que vous m'approuvaſſiez en m'obéiſſant, & je vais avoir la même condeſcendance. Modérez-vous, & écoutez-moi.

Mon fils, il y aura bien-tôt vingt ans que je vous arroſai des premieres larmes que vous m'ayez fait répandre. Mon cœur s'épanouit en voyant en vous un ami que la Nature me donnoit. Je vous reçus entre mes bras, du ſein de votre mere ; & vous élevant vers le Ciel, & mêlant ma voix à vos cris, je dis à Dieu : ô Dieu qui m'avez accordé cet enfant, ſi je manque aux ſoins que vous m'impoſez en ce jour, ou s'il ne doit pas y répondre, ne prolongez pas les douleurs de ſa mere ; reprenez-le.

Voilà le vœu que je fis ſur vous & ſur moi. Il m'a toûjours été préſent. Je ne vous ai point abandonné au ſoin du mercenaire. Je vous ai appris moi-même à parler, à penſer, à ſentir. A meſure que vous avanciez en âge, j'ai étudié vos penchans ; j'ai formé ſur eux le plan de votre éducation, & je l'ai ſuivi ſans relâche. Combien je me ſuis donné de peines pour vous en épargner? J'ai réglé votre ſort à venir ſur vos talens & ſur vos goûts. Je n'ai rien négligé pour que vous paruſſiez avec diſtinction. Et lorſque je touche au moment de recueillir le fruit de ma ſollicitude ; lorſque je me félicite d'avoir un fils qui répond à ſa naiſſance qui le deſtine aux meilleurs partis, & à ſes qualités perſonnelles qui l'appellent aux grands emplois, une paſſion inſenſée, la fantaiſie d'un inſtant aura tout détruit ; & je verrai ſes plus belles années perdues, ſon état manqué & mon attente trompée, & j'y conſentirai? Vous l'êtes-vous promis?

S.t ALBIN.

Que je suis malheureux !

LE PERE DE FAMILLE.

Vous avez un oncle qui vous aime & qui vous destine une fortune considérable ; un pere qui vous a consacré sa vie, & qui cherche à vous marquer en tout sa tendresse ; un nom, des parens, des amis, les prétentions les plus flateuses & les mieux fondées, & vous êtes malheureux ? Que vous faut-il encore ?

S.t ALBIN.

Sophie, le cœur de Sophie, & l'aveu de mon pere.

LE PERE DE FAMILLE.

Qu'osez-vous me proposer ? De partager votre folie & le blâme général qu'elle encourroit ? Quel exemple à donner aux peres & aux enfans ? Moi, j'autoriserois par une foiblesse honteuse le désordre de la société, la confusion du sang & des rangs, la dégradation des familles ?

S.t ALBIN.

Que je suis malheureux ! Si je n'ai pas

celle que j'aime, un jour il faudra que je ſois à celle que je n'aimerai pas. Car je n'aimerai jamais que Sophie. Sans ceſſe j'en comparerai une autre avec elle. Cette autre ſera malheureuſe ; je le ſerai auſſi : vous le verrez, & vous en périrez de regret.

LE PERE DE FAMILLE.

J'aurai fait mon devoir, & malheur à vous ſi vous manquez au vôtre.

St ALBIN.

Mon pere, ne m'ôtez pas Sophie.

LE PERE DE FAMILLE.

Ceſſez de me la demander.

St ALBIN.

Cent fois vous m'avez dit qu'une femme honnête étoit la faveur la plus grande que le Ciel pût accorder. Je l'ai trouvée, & c'eſt vous qui voulez m'en priver! Mon pere, ne me l'ôtez pas. A préſent qu'elle ſçait qui je ſuis, que ne doit-elle pas attendre de moi ? St Albin ſéra-t-il moins généreux que Sergi ? Ne me l'ôtez pas. C'eſt elle qui a rappellé la vertu dans mon cœur. Elle ſeule peut l'y conſerver.

LE PERE DE FAMILLE.

C'eſt-à-dire, que ſon exemple fera ce que le mien n'a pû faire.

St ALBIN.

Vous êtes mon pere, & vous commandez. Elle ſera ma femme, & c'eſt un autre empire.

LE PERE DE FAMILLE.

Quelle différence d'un amant à un époux ! D'une femme à une maîtreſſe ! Homme ſans expérience, tu ne ſçais pas cela.

St ALBIN.

J'eſpere l'ignorer toûjours.

LE PERE DE FAMILLE.

Y a-t-il un amant qui voye ſa maîtreſſe avec d'autres yeux, & qui parle autrement ?

St ALBIN.

Vous avez vû Sophie ! .. Si je la quitte pour un rang, des dignités, des eſpérances, des préjügés, je ne méritai pas de la connoître. Mon pere, mépriſeriez-vous aſſez votre fils pour le croire ?

LE PERE DE FAMILLE.

Elle ne s'eſt point avilie, en cédant à votre paſſion. Imitez-la.

S.t ALBIN.

Je m'avilirois en devenant ſon époux?

LE PERE DE FAMILLE.

Interrogez le monde.

S.t ALBIN.

Dans les choſes indifférentes, je prendrai le monde comme il eſt; mais quand il s'agira du bonheur ou du malheur de ma vie, du choix d'une compagne...

LE PERE DE FAMILLE.

Vous ne changerez pas ſes idées. Conformez-vous y donc.

S.t ALBIN.

Ils auront tout renverſé, tout gâté, ſubordonné la nature à leurs miſérables conventions, & j'y ſouſcrirai?

LE PERE DE FAMILLE.

Ou vous en ſerez mépriſé.

S.t ALBIN.

Je les fuirai.

LE PERE DE FAMILLE.

Leur mépris vous ſuivra, & cette femme que vous aurez entraînée, ne ſera pas moins à plaindre que vous... Vous l'aimez?

S.t ALBIN.

Si je l'aime!

LE PERE DE FAMILLE.

Ecoutez, & tremblez ſur le ſort que vous lui préparez. Un jour viendra que vous ſentirez toute la valeur des ſacrifices que vous lui aurez faits. Vous vous trouverez ſeul avec elle, ſans état, ſans fortune, ſans conſidération; l'ennui & le chagrin vous ſaiſiront. Vous la haïrez; vous l'accablerez de reproches. Sa patience & ſa douceur acheveront de vous aigrir; vous la haïrez davantage; vous haïrez les enfans qu'elle vous aura donnés, & vous la ferez mourir de douleur.

S.t ALBIN.

Moi!

LE PERE DE FAMILLE.

Vous.

St ALBIN.

Jamais, jamais.

LE PERE DE FAMILLE.

La passion voit tout éternel, mais la nature humaine veut que tout finisse.

St ALBIN.

Je cesserois d'aimer Sophie ! Si j'en étois capable, j'ignorerois, je crois, si je vous aime.

LE PERE DE FAMILLE.

Voulez-vous le sçavoir & me le prouver ? Faites ce que je vous demande.

St ALBIN.

Je le voudrois en vain. Je ne puis. Je suis entraîné. Mon pere, je ne puis.

LE PERE DE FAMILLE.

Insensé, vous voulez être pere ? En connoissez-vous les devoirs ? Si vous les connoissez, permettriez-vous à votre fils ce que vous attendez de moi ?

St ALBIN.

Ah, si j'osois répondre.

LE PERE DE FAMILLE.

Répondez.

S.t ALBIN.

Vous me le permettez ?

LE PERE DE FAMILLE.

Je vous l'ordonne.

S.t ALBIN.

Lorſque vous avez voulu ma mere ; lorſque toute la famille ſe ſouleva contre vous ; lorſque mon grand-papa vous appella enfant ingrat, & que vous l'appellâtes au fond de votre ame pere cruel, qui de vous deux avoit raiſon ? Ma mere étoit vertueuſe & belle comme Sophie ; elle étoit ſans fortune comme Sophie ; vous l'aimiez comme j'aime Sophie. Souffrites-vous qu'on vous l'arrachât ? mon pere, & n'ai-je pas un cœur auſſi ?

LE PERE DE FAMILLE.

J'avois des reſſources, & votre mere avoit de la naiſſance.

S.t ALBIN.

Qui ſçait encore ce qu'eſt Sophie ?

LE PERE DE FAMILLE.

Chimere.

S.t ALBIN.

Des ressources ? l'amour, l'indigence m'en fourniront.

LE PERE DE FAMILLE.

Craignez les maux qui vous attendent.

S.t ALBIN.

Ne la point avoir, est le seul que je redoute.

LE PERE DE FAMILLE.

Craignez de perdre ma tendresse.

S.t ALBIN.

Je la recouvrerai.

LE PERE DE FAMILLE.

Qui vous l'a dit ?

S.t ALBIN.

Vous verrez couler les pleurs de Sophie ; j'embrasserai vos genoux ; mes enfans vous tendront leurs bras innocens, & vous ne les repousserez pas.

LE PERE DE FAMILLE.

Il me connoît trop bien...

(*après une petite pause, il prend l'air & le ton le plus sévere & dit*) :

Mon fils, je vois que je vous parle en

vain ; que la raiſon n'a plus d'accès auprès de vous, & que le moyen dont je craignis toûjours d'uſer, eſt le ſeul qui me reſte. J'en uſerai, puiſque vous m'y forcez. Quittez vos projets. Je le veux, & je vous l'ordonne par toute l'autorité qu'un pere a ſur ſes enfans.

S.t ALBIN

(*avec un emportement ſourd*).

L'autorité, l'autorité ; ils n'ont que ce mot.

LE PERE DE FAMILLE.

Reſpectez-le.

S.t ALBIN

(*allant & venant*).

Voilà comme ils ſont tous. C'eſt ainſi qu'ils nous aiment. S'ils étoient nos ennemis, que feroient-ils de plus ?

LE PERE DE FAMILLE.

Que dites-vous ? Que murmurez-vous

S.t ALBIN

(*toûjours de même*).

Ils ſe croyent ſages, parce qu'ils ont d'autres paſſions que les nôtres.

LE PERE DE FAMILLE.

Taisez-vous.

S.t ALBIN.

Ils ne nous ont donné la vie que pour en disposer.

LE PERE DE FAMILLE.

Taisez-vous.

S.t ALBIN.

Ils la remplissent d'amertume : & comment seroient-ils touchés de nos peines ? ils y sont faits.

LE PERE DE FAMILLE.

Vous oubliez qui je suis & à qui vous parlez. Taisez-vous, ou craignez d'attirer sur vous la marque la plus terrible du courroux des peres.

S.t ALBIN.

Des peres ! Des peres ! Il n'y en a point... Il n'y a que des tyrans.

LE PERE DE FAMILLE.

O Ciel !

S.t ALBIN.

Oui, des tyrans.

LE PERE DE FAMILLE.

Eloignez-vous de moi, enfant ingrat & dénaturé. Je vous donne ma malediction. Allez loin de moi.

(Le fils s'en va. Mais à peine a-t-il fait quelques pas, que ſon pere court après lui & lui dit) :

Ou vas-tu, malheureux?

St ALBIN.

Mon pere.

LE PERE DE FAMILLE

(ſe jette dans un fauteuil, & ſon fils ſe met à ſes genoux).

Moi, votre pere? Vous, mon fils? Je ne vous ſuis plus rien. Je ne vous ai jamais rien été. Vous empoiſonnez ma vie. Vous ſouhaitez ma mort. Eh pourquoi a-t-elle été ſi long-tems différée? Que ne ſuis-je à côté de ta mere! Elle n'eſt plus, & mes jours malheureux ont été prolongés.

St ALBIN.

Mon pere.

LE PERE DE FAMILLE.

Eloignez-vous. Cachez-moi vos larmes. Vous déchirez mon cœur, & je ne puis vous en chasser.

SCENE VII.

LE PERE DE FAMILLE, St ALBIN, LE COMMANDEUR.

(*Le Commandeur entre. Saint-Albin qui étoit aux genoux de son pere, se leve, & le Pere de Famille reste dans son fauteuil, la tête panchée sur ses mains, comme un homme désolé*).

LE COMMANDEUR

(*en le montrant à Saint-Albin, qui se promene sans écouter*).

TIens. Regarde. Vois dans quel état tu le mets. Je lui avois prédit que tu le ferois mourir de douleur, & tu vérifies ma prédiction.

(*Pendant que le Commandeur parle, le Pere de Famille se leve & s'en va. Saint-Albin se dispose à le suivre*).

LE PERE DE FAMILLE

(*en se retournant vers son fils*).

Où allez-vous? Ecoutez votre oncle. Je vous l'ordonne.

SCENE VIII.

S.t ALBIN, LE COMMANDEUR.

S.t ALBIN.

PArlez donc, Monſieur, je vous écoute... Si c'eſt un malheur que de l'aimer, il eſt arrivé, & je n'y ſçais plus de remede... Si on me la refuſe, qu'on m'apprenne à l'oublier... L'oublier!.. Qui? Elle? Moi? Je le pourrois? Je le voudrois? Que la malédiction de mon pere s'accompliſſe ſur moi, ſi jamais j'en ai la penſée!

LE COMMANDEUR.

Qu'eſt-ce qu'on te demande? De laiſſer là une créature que tu n'aurois jamais dû regarder qu'en paſſant; qui eſt ſans bien, ſans parens, ſans aveu; qui vient de je ne ſçais où, qui appartient à je ne ſçais qui, & qui vit je ne ſçais comment. On a de ces filles-là. Il y a des fous qui ſe ruinent pour elles; mais épouſer! épouſer!

St Albin

(*avec violence*).

Monſieur le Commandeur.

Le Commandeur.

Elle te plaît ? Eh bien, garde-la. Je t'aime autant celle-là qu'une autre. Mais laiſſe-nous eſpérer la fin de cette intrigue, quand il en ſera tems.

St Albin

(*veut ſortir*).

Le Commandeur.

Où vas-tu ?

St Albin.

Je m'en vais.

Le Commandeur

(*en l'arrêtant*).

As-tu oublié que je te parle au nom de ton pere ?

St Albin.

Eh bien, Monſieur, dites. Déchirez-moi ; déſeſpérez-moi. Je n'ai qu'un mot à répondre. Sophie ſera ma femme.

Le Commandeur.

Ta femme ?

St ALBIN.

Oui, ma femme.

LE COMMANDEUR.

Une fille de rien!

St ALBIN.

Qui m'a appris à mépriſer tout ce qui vous enchaîne & vous avilit.

LE COMMANDEUR.

N'as-tu point de honte?

St ALBIN.

De la honte?

LE COMMANDEUR.

Toi, fils de Monſieur d'Orbeſſon! neveu du Commandeur d'Auvilé!

St ALBIN.

Moi, fils de Monſieur d'Orbeſſon, & votre neveu.

LE COMMANDEUR.

Voilà donc les fruits de cette éducation merveilleuſe dont ton pere étoit ſi vain? Le voilà ce modele de tous les jeunes gens de la Cour & de la Ville?.. Mais tu te crois riche peut-être?

St ALBIN.

Non.

LE COMMANDEUR.

Sçais-tu ce qui te revient du bien de ta mere ?

St ALBIN.

Je n'y ai jamais penſé, & je ne veux pas le ſçavoir.

LE COMMANDEUR.

Ecoute. C'étoit la plus jeune de ſix enfans que nous étions, & cela dans une province où l'on ne donne rien aux filles. Ton pere, qui ne fut pas plus ſenſé que toi, s'en entêta & la prit. Mille écus de rente à partager avec ta ſœur. C'eſt quinze cents francs pour chacun ; voilà toute votre fortune.

St ALBIN.

J'ai quinze cents livres de rente ?

LE COMMANDEUR.

Tant qu'elles peuvent s'étendre.

St ALBIN.

Ah, Sophie, vous n'habiterez plus ſous un toît ! Vous ne ſentirez plus les atteintes de la misere. J'ai quinze cents livres de rente !

LE COMMANDEUR.

Mais tu peux en attendre vingt-cinq mille de ton pere, & presque le double de moi. S.t Albin, on fait des folies, mais on n'en fait pas de plus cheres.

S.t ALBIN.

Et que m'importe la richesse, si je n'ai pas celle avec qui je la voudrois partager?

LE COMMANDEUR.

Insensé !

S.t ALBIN.

Je sçais. C'est ainsi qu'on appelle ceux qui préférent à tout une femme jeune, vertueuse & belle, & je fais gloire d'être à la tête de ces fous-là.

LE COMMANDEUR.

Tu cours à ton malheur.

S.t ALBIN.

Je mangeois du pain, je bûvois de l'eau à côté d'elle, & j'étois heureux.

LE COMMANDEUR.

Tu cours à ton malheur.

S.t ALBIN.

J'ai quinze cents livres de rente.

LE COMMANDEUR.

Que feras-tu ?

S.t ALBIN.

Elle ſera nourrie, logée, vêtue, & nous vivrons.

LE COMMANDEUR.

Comme des gueux.

S.t ALBIN.

Soit.

LE COMMANDEUR.

Cela aura pere, mere, freres, ſœurs ; & tu épouſeras tout cela.

S.t ALBIN.

J'y ſuis réſolu.

LE COMMANDEUR.

Je t'attens aux enfans.

S.t ALBIN.

Alors je m'adreſſerai à toutes les ames ſenſibles. On me verra. On verra la compagne de mon infortune. Je dirai mon nom, & je trouverai du ſecours.

LE COMMANDEUR.

Tu connois bien les hommes.

S.t ALBIN.

Vous les croyez méchans.

LE COMMANDEUR.

Et j'ai tort.

S.t ALBIN.

Tort ou raiſon ; il me reſtera deux appuis avec leſquels je peux défier l'univers, l'amour qui fait entreprendre, & la fierté qui ſçait ſupporter... On n'entend tant de plaintes dans le monde, que parce que le pauvre eſt ſans courage... & que le riche eſt ſans humanité...

LE COMMANDEUR.

J'entens... Eh bien, aye-la, ta Sophie. Foule aux pieds la volonté de ton pere, les loix de la décence, les bienſéances de ton état. Ruine-toi. Avilis-toi. Roule-toi dans la fange. Je ne m'y oppoſe plus. Tu ſerviras d'exemple à tous les enfans qui ferment l'oreille à la voix de la raiſon, qui ſe précipitent dans des engagemens honteux, qui affligent leurs parens, & qui deshonorent leur nom. Tu l'auras, ta Sophie, puiſque tu l'as voulu; mais tu n'auras pas de pain à lui donner, ni à ſes enfans qui viendront en demander à ma porte.

S.t ALBIN.

C'eſt ce que vous craignez.

LE COMMANDEUR.

Ne ſuis-je pas bien à plaindre?... Je me ſuis privé de tout pendant quarante ans. J'aurois pû me marier, & je me ſuis refuſé cette conſolation. J'ai perdu de vûe les miens pour m'attacher à ceux-ci. M'en voilà bien récompenſé! .. Que dira-t-on dans le monde? .. Voilà qui ſera fait: je n'oſerai plus me montrer. Ou ſi je parois quelque part, & que l'on demande qui eſt cette vieille Croix qui a l'air ſi chagrin? on répondra tout bas, c'eſt le Commandeur d'Auvilé... L'oncle de ce jeune fou qui a épouſé... Oui... Enſuite on ſe parlera à l'oreille. On me regardera. La honte & le dépit me ſaiſiront. Je me leverai. Je prendrai ma canne, & je m'en irai... Non, je voudrois pour tout ce que je possede, lorsque tu gravissois le long des murs du Fort S.t Philippe, que quelqu'Anglois, d'un bon coup de bayonnette, t'eût envoyé dans le fossé, & que tu y fusses demeuré enseveli avec les autres. Du-moins on auroit dit: c'est dommage; c'étoit un sujet; & j'aurois pû solliciter une grace du Roi pour l'établissement de ta sœur... Non, il est inoui qu'il y ait jamais eu un pareil mariage dans une famille.

S.t ALBIN.

Ce sera le premier.

LE COMMANDEUR.

Et je le souffrirai?

S.t ALBIN.

S'il vous plaît.

LE COMMANDEUR.

Tu le crois?

S.t ALBIN.

Assûrément.

LE COMMANDEUR.

Allons, nous verrons.

S.t ALBIN.

Tout est vû.

SCENE IX.

SAINT-ALBIN, SOPHIE, M.me HEBERT.

(*Tandis que S.t Albin continue comme s'il étoit ſeul, Sophie & ſa bonne s'avancent & parlent dans les intervalles du monologue de S.t Albin.*

S.t ALBIN

(*après une pauſe en ſe promenant & rêvant*).

OUi, tout eſt vû . . . Ils ont conjuré contre moi . . . Je le ſens . . .

SOPHIE

(*d'un ton doux & plaintif*).

On le veut. . . Allons, ma bonne.

S.t ALBIN.

C'eſt pour la premiere fois que mon pere eſt d'accord avec cet oncle cruel.

SOPHIE

(*en ſoupirant*).

Ah, quel moment !

M.me HÉBERT

Il eſt vrai, mon enfant.

SOPHIE.

Mon cœur ſe trouble.

S.t ALBIN.

Ne perdons point de tems. Il faut l'aller trouver.

SOPHIE.

Le voilà, ma bonne. C'eſt lui.

S.t ALBIN.

Oui, Sophie, oui, c'eſt moi. Je ſuis Sergi.

SOPHIE

(*en ſanglotant*).

Non, vous ne l'êtes pas... (*Elle ſe retourne vers Madame Hébert*). Que je ſuis malheureuſe! Je voudrois être morte. Ah, ma bonne! A quoi me ſuis-je engagée? Que vais-je lui apprendre? Que va-t-il devenir? Ayez pitié de moi... Dites-lui.

S.t ALBIN.

Sophie, ne craignez rien. Sergi vous aimoit; S.t Albin vous adore, & vous voyez l'homme le plus vrai & l'amant le plus paſſionné.

SOPHIE

(*soupire profondément*).

Hélas!

S.t ALBIN.

Croyez que Sergi ne peut vivre, ne veut vivre que pour vous.

SOPHIE.

Je le crois; mais à quoi cela sert-il?

S.t ALBIN.

Dites un mot.

SOPHIE.

Quel mot?

S.t ALBIN.

Que vous m'aimez. Sophie, m'aimez-vous?

SOPHIE

(*en soupirant profondément*).

Ah, si je ne vous aimois pas!

S.t ALBIN.

Donnez-moi donc votre main. Recevez la mienne, & le serment que je fais ici à la face du Ciel & de cette honnête femme qui nous a servi de mere, de n'être jamais qu'à vous.

SOPHIE.

Hélas, vous ſçavez qu'une fille bien née ne reçoit & ne fait de ſermens qu'aux pieds des autels ... Et ce n'eſt pas moi que vous y conduirez ... Ah, Sergi! C'eſt à-préſent que je ſens la diſtance qui nous ſépare.

S.t ALBIN

(*avec violence*).

Sophie, & vous auſſi?

SOPHIE.

Abandonnez-moi à ma deſtinée, & rendez le repos à un pere qui vous aime.

S.t ALBIN.

Ce n'eſt pas vous qui parlez. C'eſt lui. Je le reconnois cet homme dur & cruel.

SOPHIE.

Il ne l'eſt point. Il vous aime.

S.t ALBIN.

Il m'a maudit. Il m'a chaſſé. Il ne lui reſtoit plus qu'à ſe ſervir de vous pour m'arracher la vie.

SOPHIE.

Vivez, Sergi.

St ALBIN.

Jurez donc que vous ſerez à moi malgré lui.

SOPHIE.

Moi, Sergi? Ravir un fils à ſon pere!... J'entrerois dans une famille qui me rejette!

St ALBIN.

Et que vous importe mon pere, mon oncle, ma ſœur, & toute ma famille, ſi vous m'aimez?

SOPHIE.

Vous avez une ſœur?

St ALBIN.

Oui, Sophie.

SOPHIE.

Qu'elle eſt heureuſe!

St ALBIN.

Vous me déſeſpérez.

SOPHIE.

J'obéis à vos parens. Puiſſe le Ciel vous accorder un jour une épouſe qui ſoit digne de vous, & qui vous aime autant que Sophie!

S.t ALBIN.

Et vous le souhaitez ?

SOPHIE.

Je le dois.

S.t ALBIN.

Malheur à qui vous a connue, & qui peut être heureux sans vous !

SOPHIE.

Vous le serez. Vous jouirez de toutes les bénédictions promises aux enfans qui respecteront la volonté de leurs parens. J'emporterai celles de votre pere. Je retournerai seule à ma misere, & vous vous ressouviendrez de moi.

S.t ALBIN.

Je mourrai de douleur, & vous l'aurez voulu...

(*en la regardant tristement*).

Sophie...

SOPHIE.

Je ressens toute la peine que je vous cause.

S.t ALBIN

(*en la regardant encore*).

Sophie !...

SOPHIE
(*à Madame Hébert en sanglotant*).

O ma bonne, que ses larmes me font de mal! . . . Sergi, n'opprimez pas mon ame foible . . . J'en ai assez de ma douleur . . .

(*Elle se couvre les yeux de ses mains*).

Adieu, Sergi.

S.t ALBIN.

Vous m'abandonnez?

SOPHIE.

Je n'oublierai point ce que vous avez fait pour moi. Vous m'avez vraiment aimée. Ce n'est pas en descendant de votre état, c'est en respectant mon malheur & mon indigence que vous l'avez montré. Je me rappellerai souvent ce lieu où je vous ai connu . . . Ah, Sergi!

S.t ALBIN.

Vous voulez que je meure.

SOPHIE.

C'est moi, c'est moi qui suis à plaindre.

S.t ALBIN.

Sophie, où allez-vous?

SOPHIE.

Je vais ſubir ma deſtinée, partager les peines de mes ſœurs, & porter les miennes dans le ſein de ma mere. Je ſuis la plus jeune de ſes enfans. Elle m'aime. Je lui dirai tout, & elle me conſolera.

S.t ALBIN.

Vous m'aimez, & vous m'abandonnez?

SOPHIE.

Pourquoi vous ai-je connu!.. Ah!..

(*Elle s'éloigne*).

S.t ALBIN.

Non, non... Je ne le puis... Madame Hébert, retenez-la... Ayez pitié de nous.

M.me HÉBERT.

Pauvre Sergi!

S.t ALBIN

(*à Sophie*).

Vous ne vous éloignerez pas... J'irai... Je vous ſuivrai... Sophie, arrêtez... Ce n'eſt ni par vous, ni par moi que je vous conjure... Vous avez réſolu mon malheur & le vôtre... C'eſt au nom de ces parens cruels... Si je vous perds, je ne pourrai ni les voir, ni les entendre, ni les ſouffrir... Voulez-vous que je les haïſſe?

SOPHIE.

Aimez vos parens. Obéïſſez-leur. Oubliez-moi.

S.t ALBIN

(*qui s'eſt jetté à ſes pieds, s'écrie en la retenant par ſes habits*).

Sophie, écoutez... Vous ne connoiſſez pas S.t Albin...

SOPHIE

(*à Madame Hébert qui pleure*).

Ma bonne, venez, venez. Arrachez-moi d'ici.

S.t ALBIN

(*en ſe relevant*).

Il peut tout oſer. Vous le conduiſez à ſa perte... Oui, vous l'y conduiſez...

(*Il marche. Il ſe plaint. Il ſe déſéſpére. Il nomme Sophie par intervalles. Enſuite il s'appuie ſur le dos d'un fauteuil, les yeux couverts de ſes mains*).

SCENE X.

S.t ALBIN, CECILE, GERMEUIL.

(Pendant qu'il est dans cette situation, Cécile & Germeuil entrent).

GERMEUIL

(s'arrêtant sur le fond, & regardant tristement Saint-Albin, dit à Cécile) :

LE voilà, le malheureux ! Il est accablé, & il ignore que dans ce moment... Que je le plains !.. Mademoiselle, parlez-lui.

CÉCILE.

S.t Albin.

S.t ALBIN

(qui ne les voit point, mais qui les entend approcher, leur crie sans les regarder) :

Qui que vous soyez, allez retrouver les barbares qui vous envoyent. Retirez-vous.

CÉCILE.

Mon frere, c'est moi ; c'est Cécile qui connoît votre peine, & qui vient à vous.

S.t ALBIN

(*toûjours dans la même position*).

Retirez-vous.

CÉCILE.

Je m'en irai, si je vous afflige.

S.t ALBIN.

Vous m'affligez.

(*Cécile s'en va ; mais son frere la rappelle d'une voix foible & douloureuse*).

Cécile.

CÉCILE

(*se rapprochant de son frere*).

Mon frere.

S.t ALBIN

(*la prenant par la main, sans changer de situation & sans la regarder*).

Elle m'aimoit. Ils me l'ont ôtée. Elle me fuit.

GERMEUIL

(*à lui-même*).

Plût au Ciel!

S.t ALBIN.

J'ai tout perdu ... Ah!

CÉCILE.

Il vous reste une sœur, un ami.

S.t ALBIN

(*se relevant avec vivacité*).

Où est Germeuil ?

CÉCILE

Le voilà.

S.t ALBIN

(*il se promene un moment en silence, puis il dit*) :

Ma sœur, laissez-nous.

SCENE XI.

S.T ALBIN, GERMEUIL.

S.t ALBIN

(*en se promenant, & à plusieurs reprises*).

OUi . . . C'est le seul parti qui me reste . . . & j'y suis résolu . . . Germeuil, personne ne nous entend ?

GERMEUIL.

Qu'avez-vous à me dire ?

S.t ALBIN.

J'aime Sophie ; j'en suis aimé. Vous aimez Cécile, & Cécile vous aime.

GERMEUIL.

Moi ! Votre sœur !

S.t ALBIN.

Vous, ma sœur. Mais la même persécution qu'on me fait, vous attend ; & si vous avez du courage, nous irons Sophie, Cécile, vous & moi chercher le bonheur loin de ceux qui nous entourent & nous tyrannisent.

GERMEUIL.

Qu'ai-je entendu ? . . . Il ne me manquoit plus que cette confidence . . . Qu'osez-vous entreprendre, & que me conseillez-vous ? C'est ainsi que je reconnoîtrois les bienfaits dont votre pere m'a comblé depuis que je respire ? Pour prix de sa tendresse, je remplirois son ame de douleur, & je l'enverrois au tombeau en maudissant le jour qu'il me reçut chez lui ?

S.t ALBIN.

Vous avez des scrupules, n'en parlons plus.

GERMEUIL.

L'action que vous me proposez, & celle que vous avez résolue, sont deux crimes . . .

(*avec vivacité*).

S.t Albin, abandonnez votre projet . . . Vous avez encouru la disgrace de votre pere, & vous allez la mériter ; attirer sur vous le blâme public ; vous exposer à la poursuite des loix ; désespérer celle que vous aimez... Quelles peines vous vous préparez !... Quel trouble vous me causez !...

S.t ALBIN.

Si je ne peux compter sur votre secours, épargnez-moi vos conseils.

GERMEUIL.

Vous vous perdez.

S.t ALBIN.

Le sort en est jetté.

GERMEUIL.

Vous me perdez moi-même : vous me perdez... Que dirai-je à votre pere, lorsqu'il m'apportera sa douleur ?... à votre oncle ?... Oncle cruel ! Neveu plus cruel encore !... Avez-vous dû me confier vos desseins ?.. Vous ne sçavez pas... Que suis-je venu chercher ici ?... Pourquoi vous ai-je vû ?...

S.t ALBIN.

Adieu, Germeuil. Embrassez-moi. Je compte sur votre discrétion.

GERMEUIL.

Où courez-vous?

S.t ALBIN.

M'assûrer le seul bien dont je fasse cas, & m'éloigner d'ici pour jamais.

SCENE XII.

GERMEUIL *seul.*

LE Sort m'en veut-il assez! Le voilà résolu d'enlever sa maîtresse; & il ignore qu'au même instant son oncle travaille à la faire enfermer... Je deviens coup-sur-coup leur confident & leur complice... Quelle situation est la mienne! Je ne puis ni parler, ni me taire, ni agir, ni cesser... Si l'on me soupçonne seulement d'avoir servi l'oncle, je suis un traître aux yeux du neveu, & je me deshonore dans l'esprit de son pere... Encore si je pouvois m'ouvrir à celui-ci... Mais ils ont exigé le secret... Y manquer, je ne le puis ni ne le dois... Voilà ce que le Commandeur a vû lorsqu'il s'est adressé à moi, à moi qu'il déteste, pour l'exécution de l'ordre injuste qu'il ſollicite... En me préſentant ſa fortune & ſa niece, deux appas auxquels il n'imagine pas qu'on réſiſte, ſon but eſt de m'embarquer dans un complot qui me perde ... Déjà il croit la choſe faite, & il s'en félicite... Si ſon neveu le prévient, autres dangers. Il ſe croira joué, il ſera furieux. Il éclatera... Mais Cécile ſçait tout ; elle connoît mon innocence... Eh que ſervira ſon témoignage contre le cri de la famille entiere qui ſe ſoulevera ?... On n'entendra qu'elle, & je n'en paſſerai pas moins pour fauteur d'un rapt ?... Dans quels embarras ils m'ont précipité, le neveu par indiſcrétion, l'oncle par méchanceté!... Et toi, pauvre innocente dont les intérêts ne touchent perſonne, qui te ſauvera de deux hommes violens qui ont également réſolu ta ruine ?... L'un m'attend pour la conſommer, l'autre y court ; & je n'ai qu'un inſtant... Mais ne le perdons pas... Emparons-nous d'abord de la lettre de cachet ... Enſuite ... Nous verrons.

Fin du ſecond Acte.

ACTE TROISIEME.

SCENE I.

GERMEUIL, CECILE.

GERMEUIL
(*d'un ton ſuppliant*).

MADEMOISELLE.

CÉCILE.

Laiſſez-moi.

GERMEUIL.

Mademoiſelle.

CÉCILE.

Qu'oſez-vous me demander? Je recevrois la maîtreſſe de mon frere chez moi! chez moi! dans mon appartement! dans la maiſon de mon pere! Laiſſez-moi, vous dis-je, je ne veux pas vous entendre.

GERMEUIL.

C'eſt le ſeul aſile qui lui reſte, & le ſeul qu'elle puiſſe accepter.

CÉCILE.

Non, non, non.

GERMEUIL.

Je ne vous demande qu'un instant; que je puisse regarder autour de moi, me reconnoître.

CÉCILE.

Non, non... Une inconnue!

GERMEUIL.

Une infortunée, à qui vous ne pourriez refuser de la commisération si vous la voyiez.

CÉCILE.

Que diroit mon pere?

GERMEUIL.

Le respectai-je moins que vous? Craindrois-je moins de l'offenser?

CÉCILE.

Et le Commandeur?

GERMEUIL.

C'est un homme sans principes.

CÉCILE.

Il en a comme tous ses pareils, quand il s'agit d'accuser & de noircir.

GERMEUIL.

Il dira que je l'ai joué, ou votre frere

se croira trahi. Je ne me justifierai jamais... Mais qu'est-ce que cela vous importe?

CÉCILE.

Vous êtes la cause de toutes mes peines.

GERMEUIL.

Dans cette conjoncture difficile, c'est votre frere, c'est votre oncle que je vous prie de considérer; épargnez-leur à chacun une action odieuse.

CÉCILE.

La maîtresse de mon frere! Une inconnue!.. Non, Monsieur: mon cœur me dit que cela est mal, & il ne m'a jamais trompée. Ne m'en parlez plus. Je tremble qu'on ne nous écoute.

GERMEUIL.

Ne craignez rien.. Votre pere est tout à sa douleur.. Le Commandeur & votre frere à leurs projets. Les gens sont écartés. J'ai pressenti votre répugnance...

CÉCILE.

Qu'avez-vous fait?

GERMEUIL.

Le moment m'a paru favorable, & je l'ai introduite ici. Elle y eſt. La voilà. Renvoyez-la, Mademoiſelle.

CÉCILE.

Germeuil, qu'avez-vous fait?

SCENE II.

GERMEUIL, CECILE, SOPHIE, *Mademoiſelle* CLAIRET.

(*Sophie entre ſur la ſcène comme une troublée. Elle ne voit point. Elle n'entend point. Elle ne ſçait où elle eſt. Cécile de ſon côté eſt dans une agitation extrème*).

SOPHIE.

JE ne ſçais où je ſuis... Je ne ſçais où je vais... Il me ſemble que je marche dans les ténébres... Ne rencontrerai-je perſonne qui me conduiſe?... O Ciel, ne m'abandonnez pas!

GERMEUIL

(*l'appelle*).

Mademoiſelle, Mademoiſelle.

SOPHIE.

SOPHIE.

Qui eſt-ce qui m'appelle ?

GERMEUIL.

C'eſt moi, Mademoiſelle, c'eſt moi.

SOPHIE.

Qui êtes-vous ? Où êtes-vous ? Qui que vous ſoyez, ſecourez-moi... ſauvez-moi...

GERMEUIL

(*va la prendre par la main, & lui dit*) :

Venez,.. mon enfant ... Par ici.

SOPHIE

(*fait quelques pas, & tombe ſur ſes genoux*).

Je ne puis... La force m'abandonne... Je ſuccombe...

CÉCILE.

O Ciel! (*à Germeuil*) Appellez ... Eh non, n'appellez pas!

SOPHIE,

(*les yeux fermés & comme dans le délire de la défaillance*).

Les cruels! .. Que leur ai-je fait ?

(*Elle regarde autour d'elle avec toutes les marques de l'effroi*).

GERMEUIL.

Raſſûrez-vous. Je ſuis l'ami de S.t Albin, & Mademoiſelle eſt ſa ſœur.

SOPHIE

(*après un moment de ſilence*).

Mademoiſelle, que vous dirai-je? Voyez ma peine. Elle eſt au-deſſus de mes forces... Je ſuis à vos pieds, & il faut que j'y meure ou que je vous doive tout... Je ſuis une infortunée qui cherche un aſile... C'eſt devant votre oncle & votre frere que je fuis... Votre oncle que je ne connois pas, & que je n'ai jamais offenſé: votre frere... Ah, ce n'eſt pas de lui que j'attendois mon chagrin!.. Que vais-je devenir, ſi vous m'abandonnez?... Ils accompliront ſur moi leurs deſſeins... Secourez-moi. Sauvez-moi... Sauvez-moi d'eux. Sauvez-moi de moi-même. Ils ne ſçavent pas ce que peut oſer celle qui craint le deshonneur, & qu'on réduit à la néceſſité de haïr la vie... Je n'ai pas cherché mon malheur, & je n'ai rien à me reprocher...

Je travaillois, j'avois du pain, & je vivois tranquille... Les jours de la douleur sont venus. Ce sont les vôtres qui les ont amenés sur moi, & je pleurerai toute ma vie, parce qu'ils m'ont connue.

CÉCILE.

Qu'elle me peine!.. Oh que ceux qui peuvent la tourmenter, sont méchans! (*Ici la pitié succede à l'agitation dans le cœur de Cécile. Elle se panche sur le dos d'un fauteuil, du côté de Sophie, & celle-ci continue*).

SOPHIE.

J'ai une mere qui m'aime... Comment reparoitrois-je devant elle?... Mademoiselle, conservez une fille à sa mere; je vous en conjure par la vôtre, si vous l'avez encore... Quand je la quittai, elle dit: Anges du Ciel, prenez cette enfant sous votre garde, & conduisez-la. Si vous fermez votre cœur à la pitié, le Ciel n'aura point entendu sa priere, & elle en mourra de douleur... Tendez la main à celle qu'on opprime, afin qu'elle vous bénisse toute ſa vie... Je ne peux rien, mais il eſt un Etre qui peut tout, & devant lequel les œuvres de la commiſération ne ſont pas perdues... Mademoiſelle.

(*Cécile s'approche d'elle, & lui tend les mains*).

Levez-vous...

GERMEUIL

(*à Cécile*).

Vos yeux ſe rempliſſent de larmes. Son malheur vous a touchée.

CÉCILE

(*à Germeuil*).

Qu'avez-vous fait!

SOPHIE.

Dieu ſoit loué, tous les cœurs ne ſont pas endurcis.

CÉCILE.

Je connois le mien. Je ne voulois ni vous voir, ni vous entendre... Enfant aimable & malheureux, comment vous nommez-vous?

SOPHIE.

Sophie.

CÉCILE

(*en l'embrassant*).

Sophie, venez.

GERMEUIL

(*se jette aux genoux de Cécile, & lui prend une main qu'il baise sans parler*).

CÉCILE.

Que me demandez-vous encore? Ne fais-je pas tout ce que vous voulez? (*Cécile s'avance vers le fond du sallon avec Sophie, qu'elle remet à sa femme-de-chambre*).

GERMEUIL

(*en se relevant*).

Imprudent... Qu'allois-je lui dire?...

M.lle CLAIRET.

J'entens, Mademoiselle. Reposez-vous sur moi.

SCENE III.

GERMEUIL, CECILE.

CÉCILE

(*après un moment de silence, avec chagrin*).

ME voilà, graces à vous, à la merci de mes gens.

GERMEUIL.

Je ne vous ai demandé qu'un instant pour lui trouver un asile. Quel mérite y auroit-il à faire le bien, s'il n'y avoit aucun inconvénient ?

CÉCILE.

Que les hommes sont dangereux ! Pour son bonheur, on ne peut les tenir trop loin... Homme, éloignez-vous de moi... Vous vous en allez, je crois ?

GERMEUIL.

Je vous obéis.

CÉCILE.

Fort bien. Après m'avoir mise dans la position la plus cruelle, il ne vous reste plus qu'à m'y laiſſer. Allez, Monſieur; allez.

GERMEUIL.

Que je ſuis malheureux!

CÉCILE.

Vous vous plaignez, je crois?

GERMEUIL.

Je ne fais rien qui ne vous déplaiſe.

CÉCILE.

Vous m'impatientez... Songez que je ſuis dans un trouble qui ne me laiſſera rien prévoir, rien prévenir. Comment oſeraije lever les yeux devant mon pere? S'il s'apperçoit de mon embarras & qu'il m'interroge, je ne mentirai pas. Sçavez-vous qu'il ne faut qu'un mot inconſidéré pour éclairer un homme tel que le Commandeur?.. Et mon frere?.. Je redoute d'avance le ſpectacle de ſa douleur. Que va-t-il devenir lorſqu'il ne retrouvera plus Sophie?.. Monſieur, ne me quittez pas un moment, ſi vous ne voulez pas que tout ſe découvre... Mais on vient. Allez... Reſtez... Non, retirez-vous... Ciel, dans quel état je ſuis!

SCENE IV.

CECILE, LE COMMANDEUR.

LE COMMANDEUR
(*à sa maniere*).

CEcile, te voilà seule.

CÉCILE
(*d'une voix altérée*).

Oui, mon cher oncle. C'est assez mon goût.

LE COMMANDEUR.

Je te croyois avec l'ami.

CÉCILE.

Qui, l'ami?

LE COMMANDEUR.

Eh, Germeuil.

CÉCILE.

Il vient de sortir.

LE COMMANDEUR.

Que te disoit-il? Que lui disois-tu?

CÉCILE.

Des choses déplaisantes, comme c'est sa coutume.

LE COMMANDEUR.

Je ne vous conçois pas. Vous ne pouvez vous accorder un moment. Cela me fâche. Il a de l'eſprit, des talens, des connoiſſances, des mœurs dont je fais grand cas. Point de fortune à la vérité ; mais de la naiſſance. Je l'eſtime, & je lui ai conſeillé de penſer à toi.

CÉCILE.

Qu'appellez-vous penſer à moi ?

LE COMMANDEUR.

Cela s'entend. Tu n'as pas réſolu de reſter fille, apparemment ?

CÉCILE.

Pardonnez-moi, Monſieur. C'eſt mon projet.

LE COMMANDEUR.

Cécile, veux-tu que je te parle à cœur ouvert ? Je ſuis entierement détaché de ton frere. C'eſt une ame dure, un eſprit intraitable ; & il vient encore tout-à-l'heure d'en uſer avec moi d'une maniere indigne, & que je ne lui pardonnerai de ma vie... Il peut à-préſent courir tant qu'il voudra, après la créature dont il s'eſt entêté, je ne m'en ſoucie plus... On ſe laſſe à la fin d'être bon... Toute ma tendreſſe s'eſt retirée ſur toi, ma chere niéce... Si tu voulois un peu ton bonheur, celui de ton pere & le mien...

CÉCILE.

Vous devez le ſuppoſer.

LE COMMANDEUR.

Mais tu ne me demandes pas ce qu'il faudroit faire ?

CÉCILE.

Vous ne me le laiſſerez pas ignorer.

LE COMMANDEUR.

Tu as raiſon. Eh bien, il faudroit te rapprocher de Germeuil. C'eſt un mariage auquel tu penſes bien que ton pere ne conſentira pas ſans la derniere répugnance. Mais je parlerai. Je leverai les obſtacles. Si tu veux, j'en fais mon affaire.

CÉCILE.

Vous me conſeilleriez de penſer à quelqu'un qui ne ſeroit pas du choix de mon pere ?

LE COMMANDEUR.

Il n'est pas riche. Tout tient à cela. Mais, je te l'ai dit, ton frere ne m'est plus rien, & je vous assûrerai tout mon bien. Cécile, cela vaut la peine d'y réfléchir.

CÉCILE.

Moi, que je dépouille mon frere!

LE COMMANDEUR.

Qu'appelles-tu dépouiller? Je ne vous dois rien. Ma fortune est à moi, & elle me coûte assez pour en disposer à mon gré.

CÉCILE.

Mon oncle, je n'examinerai point jusqu'où les parens sont les maîtres de leur fortune, & s'ils peuvent sans injustice la transporter où il leur plaît. Je sçais que je ne pourrois accepter la vôtre sans honte; & c'en est assez pour moi.

LE COMMANDEUR.

Et tu crois que S.t Albin en feroit autant pour sa sœur?

CÉCILE.

Je connois mon frere; & s'il étoit ici,

nous n'aurions tous les deux qu'une voix.

LE COMMANDEUR.

Et que me diriez-vous ?

CÉCILE.

Monſieur le Commandeur, ne me preſſez pas ; je ſuis vraie.

LE COMMANDEUR.

Tant mieux. Parle. J'aime la vérité. Tu dis ?

CÉCILE.

Que c'eſt une inhumanité ſans exemple, que d'avoir en province des parens plongés dans l'indigence, que mon pere ſecoure à votre inſçu, & que vous fruſtrez d'une fortune qui leur appartient, & dont ils ont un beſoin ſi grand ; que nous ne voulons, ni mon frere ni moi, d'un bien qu'il faudroit reſtituer à ceux à qui les loix de la nature & de la ſociété l'ont deſtiné.

LE COMMANDEUR.

Eh bien, vous ne l'aurez ni l'un ni l'autre. Je vous abandonnerai tous. Je ſortirai d'une maiſon où tout va au-rebours du ſens commun, où rien n'égale l'inſolence des enfans, si ce n'est l'imbécillité du maître. Je jouirai de la vie, & je ne me tourmenterai pas davantage pour des ingrats.

CÉCILE.

Mon cher oncle, vous ferez bien.

LE COMMANDEUR.

Mademoiselle, votre approbation est de trop, & je vous conseille de vous écouter. Je sçais ce qui se passe dans votre ame; je ne suis pas la dupe de votre désintéressement, & vos petits secrets ne sont pas aussi cachés que vous l'imaginez. Mais il suffit ... & je m'entens.

SCENE V.

CECILE, LE COMMANDEUR, LE PERE DE FAMILLE, S.T ALBIN.

(*Le Pere de Famille entre le premier. Son fils le suit*).

S.t ALBIN

(*violent, désolé, éperdu, ici & dans toute la scène*).

ELles n'y sont plus ... On ne sçait ce

qu'elles sont devenues . . . Elles ont disparu.

LE COMMANDEUR

(*à part*).

Bon. Mon ordre est exécuté.

S.t ALBIN.

Mon pere, écoutez la priere d'un fils déséspéré. Rendez-lui Sophie. Il est impossible qu'il vive sans elle. Vous faites le bonheur de tout ce qui vous environne. Votre fils sera-t-il le seul que vous ayez rendu malheureux ? . . Elle n'y est plus . . . Elles ont disparu . . . Que ferai-je ? . . Quelle sera ma vie ?

LE COMMANDEUR

(*à part*).

Il a fait diligence.

S.t ALBIN.

Mon pere.

LE PERE DE FAMILLE.

Je n'ai aucune part à leur absence. Je vous l'ai déjà dit. Croyez-moi.

(*Cela dit, le Pere de Famille se promene lentement, la tête baissée, & l'air chagrin ; & S.t Albin s'écrie en se tournant vers le fond*).

S.t ALBIN

Sophie, où êtes-vous? Qu'êtes-vous devenue? .. Ah...

CÉCILE

(*à part*).

Voilà ce que j'avois prévû.

LE COMMANDEUR

(*à part*).

Consommons notre ouvrage. Allons. (*à son neveu, d'un ton compatissant*). Saint-Albin.

S.t ALBIN.

Monsieur, laissez-moi. Je ne me repens que trop de vous avoir écouté... Je la suivois... Je l'aurois fléchie... Et je l'ai perdue!

LE COMMANDEUR.

Saint-Albin.

S.t ALBIN.

Laissez-moi.

LE COMMANDEUR.

J'ai causé ta peine; & j'en suis affligé.

S.t Albin.

Que je suis malheureux !

Le Commandeur.

Germeuil me l'avoit bien dit. Mais aussi qui pouvoit imaginer que pour une fille, comme il y en a tant, tu tomberois dans l'état où je te vois ?

S.t Albin

(*avec terreur*).

Que dites-vous de Germeuil ?

Le Commandeur.

Je dis ... Rien ...

S.t Albin.

Tout me manqueroit-il en un jour ; & le malheur qui me poursuit m'auroit-il encore ôté mon ami ?.. Monsieur le Commandeur, achevez.

Le Commandeur.

Germeuil & moi ... Je n'ose te l'avouer ... Tu ne nous le pardonneras jamais ...

Le Pere de Famille.

Qu'avez-vous fait ? Seroit-il possible ?.. Mon frere, expliquez-vous.

Le

LE COMMANDEUR.

Cécile... Germeuil te l'aura confié ?... Dis pour moi.

S.t ALBIN

(*au Commandeur*).

Vous me faites mourir.

LE PERE DE FAMILLE

(*avec sévérité*).

Cécile, vous vous troublez.

S.t ALBIN.

Ma sœur !

LE PERE DE FAMILLE

(*regardant encore sa fille avec sévérité*).

Cécile... Mais non, le projet est trop odieux... Ma fille & Germeuil en sont incapables.

S.t ALBIN.

Je tremble... Je frémis... O Ciel, de quoi suis-je menacé !

LE PERE DE FAMILLE

(*avec sévérité*).

Monsieur le Commandeur, expliquez-vous, vous dis-je, & cessez de me tourmenter par les ſoupçons que vous répandez ſur tout ce qui m'entoure.

(*Le Pere de Famille ſe promene : il eſt indigné. Le Commandeur hypocrite paroît honteux, & ſe tait. Cécile a l'air conſterné. Saint-Albin a les yeux ſur le Commandeur, & attend avec effroi qu'il s'explique*).

LE PERE DE FAMILLE

(*au Commandeur*).

Avez-vous réſolu de garder encore long-tems ce ſilence cruel ?

LE COMMANDEUR

(*à ſa niéce*).

Puiſque tu te tais, & qu'il faut que je parle...

(*à Saint-Albin*).

Ta maîtreſſe...

S.t ALBIN.

Sophie...

LE COMMANDEUR.

Eſt renfermée.

S.t ALBIN.

Grand Dieu !

LE COMMANDEUR.

J'ai obtenu la lettre de cachet... Et Germeuil s'eſt chargé du reſte.

LE PERE DE FAMILLE.

Germeuil!

St ALBIN.

Lui!

CÉCILE.

Mon frere, il n'en eſt rien.

St ALBIN.

Sophie... & c'eſt Germeuil!

(*Il ſe renverſe ſur un fauteuil, avec toutes les marques de déſéſpoir*).

LE PERE DE FAMILLE (*au Commandeur*).

Et que vous a fait cette infortunée, pour ajoûter à ſon malheur la perte de l'honneur & de la liberté? Quels droits avez-vous ſur elle?

LE COMMANDEUR.

La maiſon eſt honnête.

St ALBIN.

Je la vois... Je vois ſes larmes. J'entens ſes cris, & je ne meurs pas...

(*au Commandeur*).

Barbare, appellez votre indigne complice. Venez tous les deux; par pitié, arrachez-moi la vie ... Sophie! ... Mon pere, ſecourez-moi. Sauvez-moi de mon déſéſpoir.

(*Il ſe jette entre les bras de ſon pere*).

LE PERE DE FAMILLE.

Calmez-vous, malheureux.

St ALBIN

(*entre les bras de ſon pere, & d'un ton plaintif & douloureux*).

Germeuil! .. Lui! .. Lui! ..

LE COMMANDEUR.

Il n'a fait que ce que tout autre auroit fait à ſa place.

St ALBIN

(*toûjours ſur le ſein de ſon pere, & du même ton*).

Qui ſe dit mon ami! Le perfide!

LE PERE DE FAMILLE.

Sur qui compter déſormais!

LE COMMANDEUR.

Il ne le vouloit pas; mais je lui ai promis ma fortune & ma niéce.

CÉCILE.

Mon pere, Germeuil n'eſt ni vil ni perfide.

LE PERE DE FAMILLE.

Qu'eſt-il donc ?

S.t ALBIN.

Ecoutez, & connoiſſez-le... Ah le traître !.. Chargé de votre indignation, irrité par cet oncle inhumain, abandonné de Sophie...

LE PERE DE FAMILLE.

Eh bien ?

S.t ALBIN.

J'allois dans mon déſeſpoir m'en ſaiſir & l'emporter au bout du monde... Non, jamais homme ne fut plus indignement joué... Il vient à moi... Je lui ouvre mon cœur... Je lui confie ma penſée comme à mon ami... Il me blâme... Il me diſſuade... Il m'arrête ; & c'eſt pour me trahir, me livrer, me perdre... Il lui en coûtera la vie.

SCENE VI.

LE PERE DE FAMILLE, LE COMMANDEUR, CECILE, St ALBIN, GERMEUIL.

CÉCILE

(*qui l'apperçoit la premiere, court à lui & lui crie*) :

GErmeuil, où allez-vous?

St ALBIN

(*s'avance vers lui, & lui crie avec fureur*).

Traître, où est-elle? Rends-la moi, & te prépares à défendre ta vie.

LE PERE DE FAMILLE

(*courant après Saint-Albin*).

Mon fils.

CÉCILE.

Mon frere... Arrêtez... Je me meurs...

(*Elle tombe dans un fauteuil*).

LE COMMANDEUR

(*au Pere de Famille*).

Y prend-elle intérêt? Qu'en dites-vous?

LE PERE DE FAMILLE.

Germeuil, retirez-vous.

GERMEUIL.

Monſieur, permettez que je reſte.

S.t ALBIN.

Que t'a fait Sophie? Que t'ai-je fait pour me trahir?

LE PERE DE FAMILLE
(*toûjours à Germeuil*).

Vous avez commis une action odieuſe.

S.t ALBIN.

Si ma ſœur t'eſt chere; ſi tu la voulois, ne valoit-il pas mieux? ... Je te l'avois propoſé ... Mais c'eſt par une trahiſon qu'il te convenoit de l'obtenir ... Homme vil, tu t'es trompé ... Tu ne connois ni Cécile, ni mon pere, ni ce Commandeur qui t'a dégradé, & qui jouit maintenant de ta confuſion ... : Tu ne répons rien ... Tu te tais.

GERMEUIL
(*avec froideur & fermeté*).

Je vous écoute, & je vois qu'on ôte ici l'eſtime en un moment, à celui qui a paſſé toute ſa vie à la mériter. J'attendois autre choſe.

LE PERE DE FAMILLE.

N'ajoûtez pas la fauſſeté à la perfidie. Retirez-vous.

GERMEUIL.

Je ne ſuis ni faux ni perfide.

S.t ALBIN.

Quelle inſolente intrépidité !

LE COMMANDEUR.

Mon ami, il n'eſt plus tems de diſſimuler. J'ai tout avoué.

GERMEUIL.

Monſieur, je vous entens, & je vous reconnois.

LE COMMANDEUR.

Que veux-tu dire ? Je t'ai promis ma fortune & ma niéce. C'eſt notre traité, & il tient.

S.t ALBIN

(*au Commandeur*),

Du-moins, grace à votre méchanceté, je ſuis le ſeul époux qui lui reſte.

GERMEUIL

(*au Commandeur*).

Je n'eſtime pas aſſez la fortune pour en vouloir au prix de l'honneur ; & votre niéce ne doit pas être la récompenſe d'une perfidie ... Voilà votre lettre de cachet.

LE COMMANDEUR

(*en la reprenant*).

Ma lettre de cachet ! Voyons. Voyons.

GERMEUIL.

Elle ſeroit en d'autres mains, ſi j'en avois fait uſage.

S.t ALBIN.

Qu'ai-je entendu? Sophie eſt libre!

GERMEUIL.

Saint-Albin, apprenez à vous méfier des apparences, & à rendre juſtice à un homme d'honneur. Monſieur le Commandeur, je vous ſalue. (*Il ſort*).

LE PERE DE FAMILLE

(*avec regret*).

J'ai jugé trop vîte. Je l'ai offenſé.

LE COMMANDEUR

(*ſtupéfait regarde ſa lettre de cachet*).

Ce l'eſt . . . Il m'a joué.

LE PERE DE FAMILLE.

Vous méritez cette humiliation.

LE COMMANDEUR.

Fort-bien. Encouragez-les à me manquer. Ils n'y ſont pas aſſez diſpoſés.

S.t ALBIN.

En quelqu'endroit qu'elle ſoit, ſa bonne doit être revenue . . . J'irai. Je verrai ſa bonne. Je m'accuſerai. J'embraſſerai ſes genoux. Je pleurerai. Je la toucherai, & je percerai ce myſtere. (*Il ſort*).

CÉCILE

(*en le ſuivant*).

Mon frere!

S.t ALBIN

(*à Cécile*).

Laiſſez-moi. Vous avez des intérêts qui ne ſont pas les miens.

SCENE VII.

LE PERE DE FAMILLE, LE COMMANDEUR.

LE COMMANDEUR.

Vous avez entendu ?

LE PERE DE FAMILLE.

Oui, mon frere.

LE COMMANDEUR.

Sçavez-vous où il va ?

LE PERE DE FAMILLE.

Je le ſçais.

LE COMMANDEUR.

Et vous ne l'arrêtez pas ?

LE PERE DE FAMILLE.

Non.

LE COMMANDEUR.

Et s'il vient à retrouver cette fille ?

LE PERE DE FAMILLE.

Je compte beaucoup ſur elle. C'eſt un enfant ; mais c'eſt un enfant bien né, & dans cette circonſtance, elle fera plus que vous & moi.

LE COMMANDEUR.

Bien imaginé !

LE PERE DE FAMILLE.

Mon fils n'eſt pas dans un moment où la raiſon puiſſe quelque choſe ſur lui.

LE COMMANDEUR.

Donc il n'a qu'à ſe perdre ? J'enrage. Et vous êtes un pere de famille ? Vous ?

LE PERE DE FAMILLE.

Pourriez-vous m'apprendre ce qu'il faut faire ?

LE COMMANDEUR.

Ce qu'il faut faire ? Etre le maître chez ſoi ; ſe montrer homme d'abord, & pere après, s'ils le méritent.

LE PERE DE FAMILLE.

Et contre qui, s'il vous plaît, faut-il que j'agiſſe ?

LE COMMANDEUR.

Contre qui ? Belle queſtion ! Contre tous. Contre ce Germeuil, qui nourrit votre fils dans ſon extravagance, qui cherche à faire entrer une créature dans la famille, pour s'en ouvrir la porte à lui-même, & que je chasserois de ma maison. Contre une fille qui devient de jour en jour plus insolente, qui me manque à moi, qui vous manquera bien-tôt à vous, & que j'enfermerois dans un couvent. Contre un fils qui a perdu tout sentiment d'honneur, qui va nous couvrir de ridicule & de honte, & à qui je rendrois la vie si dure, qu'il ne seroit pas tenté plus long-tems de se soustraire à mon autorité. Pour la vieille qui l'a attiré chez elle, & la jeune dont il a la tête tournée, il y a beaux jours que j'aurois fait sauter tout cela. C'est par où j'aurois commencé; & à votre place, je rougirois qu'un autre s'en fût avisé le premier... Mais il faudroit de la fermeté, & nous n'en avons point.

LE PERE DE FAMILLE.

Je vous entens. C'est-à-dire que je chasserai de ma maison un homme que j'y ai reçu au sortir du berceau, à qui j'ai servi de pere, qui s'est attaché à mes intérêts depuis qu'il se connoît, qui aura perdu ses plus belles années auprès de moi, qui n'aura plus de reſſource ſi je l'abandonne, & à qui il faut que mon amitié ſoit funeſte ſi elle ne lui devient pas utile ; & cela, ſous prétexte qu'il donne de mauvais conſeils à mon fils, dont il a déſapprouvé les projets ; qu'il ſert une créature que peut-être il n'a jamais vûe ; ou plûtôt parce qu'il n'a pas voulu être l'inſtrument de ſa perte.

J'enfermerai ma fille dans un couvent ; je chargerai ſa conduite ou ſon caractere de ſoupçons deſavantageux ; je flétrirai moi-même ſa réputation ; & cela, parce qu'elle aura quelquefois uſé de repreſailles avec Monſieur le Commandeur ; qu'irritée par ſon humeur chagrine, elle ſera ſortie de ſon caractere, & qu'il lui ſera échappé un mot peu meſuré.

Je me rendrai odieux à mon fils ; j'éteindrai dans ſon ame les ſentimens qu'il me doit ; j'acheverai d'enflammer ſon caractere impétueux, & de le porter à quelqu'éclat qui le deshonore dans le monde tout en y entrant ; & cela, parce qu'il a rencontré une infortunée qui a des charmes

& de la vertu, & que par un mouvement de jeunesse qui marque au fond la bonté de son naturel, il a pris un attachement qui m'afflige.

N'avez-vous pas honte de vos conseils? Vous qui devriez être le protecteur de mes enfans auprès de moi, c'est vous qui les accusez : vous leur cherchez des torts; vous exagérez ceux qu'ils ont, & vous seriez fâché de ne leur en pas trouver.

LE COMMANDEUR.

C'est un chagrin que j'ai rarement.

LE PERE DE FAMILLE.

Et ces femmes contre lesquelles vous obtenez une lettre de cachet?

LE COMMANDEUR.

Il ne vous restoit plus que d'en prendre aussi la défense. Allez, allez.

LE PERE DE FAMILLE.

J'ai tort. Il y a des choses qu'il ne faut pas vouloir vous faire sentir, mon frere. Mais cette affaire me touchoit d'assez près, ce me ſemble, pour que vous daignaſſiez m'en dire un mot.

LE COMMANDEUR.

C'eſt moi qui ai tort, & vous avez toûjours raiſon.

LE PERE DE FAMILLE.

Non, Monſieur le Commandeur, vous ne ferez de moi, ni un pere injuſte & cruel, ni un homme ingrat & malfaiſant. Je ne commettrai point une violence, parce qu'elle eſt de mon intérêt; je ne renoncerai point à mes eſpérances, parce qu'il eſt ſurvenu des obſtacles qui les éloignent; & je ne ferai point un déſert de ma maiſon, parce qu'il s'y paſſe des choſes qui me déplaiſent comme à vous.

LE COMMANDEUR.

Voilà qui eſt expliqué. Eh bien, conſervez votre chere fille; aimez-bien votre cher fils; laiſſez en paix les créatures qui le perdent: cela eſt trop ſage pour qu'on s'y oppoſe. Mais pour votre Germeuil, je vous avertis que nous ne pouvons plus loger lui & moi ſous un même toît... Il n'y a point de milieu. Il faut qu'il ſoit hors d'ici aujourd'hui, ou que j'en ſorte demain.

LE PERE DE FAMILLE.

Monſieur le Commandeur, vous êtes le maître.

LE COMMANDEUR.

Je m'en doutois. Vous ſeriez enchanté que je m'en allaſſe; n'eſt-ce pas? Mais je reſterai: oui je reſterai; ne fût-ce que pour vous remettre ſous le nez vos ſottiſes, & vous en faire honte. Je ſuis curieux de voir ce que tout ceci deviendra.

Fin du troiſiéme Acte.

ACTE QUATRIEME.

SCENE I.

SAINT-ALBIN *seul.*

(*Il entre furieux*).

TOUT est éclairci. Le traître est démasqué. Malheur à lui ! Malheur à lui ! C'est lui qui a emmené Sophie. Il faut qu'il périsse par mes mains. . .

(*Il appelle*).

Philippe.

SCENE II.

SAINT-ALBIN, PHILIPPE.

PHILIPPE.

MOnsieur.

S.t ALBIN

(*en donnant une lettre*).

Portez cela.

PHILIPPE.

A qui, Monsieur ?

S.ᵗ Albin.

A Germeuil... Je l'attire hors d'ici. Je lui plonge mon épée dans le ſein. Je lui arrache l'aveu de ſon crime & le ſecret de ſa retraite, & je cours partout où me conduira l'eſpoir de la retrouver....

(*Il apperçoit Philippe qui eſt reſté*).

Tu n'es pas allé, revenu?

Philippe.

Monſieur...

S.ᵗ Albin.

Eh bien?

Philippe.

N'y a-t-il rien là-dedans dont Monſieur votre pere ſoit fâché?

S.ᵗ Albin.

Marchez.

SCENE III.

S.ᵀ ALBIN, CECILE,

S.ᵗ Albin.

LUi qui me doit tout!.. Que j'ai cent fois défendu contre le Commandeur!.. A qui...

(*En appercevant sa sœur*).

Malheureuse, à quel homme t'es-tu attachée! . .

CÉCILE.

Que dites-vous? Qu'avez-vous? Mon frere, vous m'effrayez.

S.t ALBIN.

Le perfide! Le traître! . . Elle alloit dans la confiance qu'on la menoit ici . . . Il a abusé de votre nom . . .

CÉCILE.

Germeuil est innocent.

S.t ALBIN.

Il a pû voir leurs larmes, entendre leurs cris, les arracher l'une à l'autre! Le barbare!

CÉCILE.

Ce n'est point un barbare; c'est votre ami.

S.t ALBIN.

Mon ami? . . Je le voulois . . . Il n'a tenu qu'à lui de partager mon sort . . . d'aller lui & moi, vous & Sophie . . .

CÉCILE.

Qu'entens-je ? .. Vous lui auriez proposé ? .. Lui, vous, moi, votre sœur ? ..

S.t ALBIN.

Que ne me dit-il pas ! Que ne m'opposa-t-il pas ! Avec quelle fausseté ! ..

CÉCILE.

C'est un homme d'honneur ; oui, Saint-Albin, & c'est en l'accusant que vous achevez de me l'apprendre.

S.t ALBIN.

Qu'osez-vous dire ? .. Tremblez, tremblez ... Le défendre, c'est redoubler ma fureur ... Eloignez-vous.

CÉCILE.

Non, mon frere ; vous m'écouterez. Vous verrez Cécile à vos genoux ... Germeuil ... Rendez-lui justice ... Ne le connoissez-vous plus ? .. Un moment l'a-t-il pû changer ? .. Vous l'accusez ! Vous ! .. Homme injuste !

S.t ALBIN.

Malheur à toi, s'il te reste de la tendresse ! .. Je pleure ... Tu pleureras bientôt aussi.

CÉCILE

(*avec terreur & d'une voix tremblante*).

Vous avez un dessein.

S.t ALBIN.

Par pitié pour vous-même, ne m'interrogez pas.

CÉCILE.

Vous me haïssez.

S.t ALBIN.

Je vous plains.

CÉCILE.

Vous attendez mon pere.

S.t ALBIN.

Je le fuis. Je fuis toute la terre.

CÉCILE.

Je le vois. Vous voulez perdre Germeuil ... Vous voulez me perdre ... Eh bien, perdez-nous ... Dites à mon pere ...

S.t ALBIN.

Je n'ai plus rien à lui dire ... Il sçait tout.

CÉCILE.

Ah Ciel !

SCENE IV.

SAINT-ALBIN, CECILE, LE PERE DE FAMILLE.

(*Saint-Albin marque d'abord de l'impatience à l'approche de ſon pere : enſuite il reſte immobile*).

LE PERE DE FAMILLE.

TU me fuis, & je ne peux t'abandonner ! .. Je n'ai plus de fils, & il te reſte toûjours un pere ! .. S[t].-Albin, pourquoi me fuyez-vous ? .. Je ne viens pas vous affliger davantage, & expoſer mon autorité à de nouveaux mépris ... Mon fils, mon ami, tu ne veux pas que je meure de chagrin... Nous ſommes ſeuls. Voici ton pere. Voilà ta ſœur. Elle pleure, & mes larmes attendent les tiennes pour s'y mêler... Que ce moment ſera doux, ſi tu veux ! ..

Vous avez perdu celle que vous aimiez, & vous l'avez perdue par la perfidie d'un homme qui vous eſt cher.

S.t ALBIN

(en levant les yeux au Ciel avec fureur).

Ah !

LE PERE DE FAMILLE.

Triomphez de vous & de lui. Domptez une passion qui vous dégrade. Montrez-vous digne de moi... Saint-Albin, rendez-moi mon fils.

(Saint-Albin s'éloigne. On voit qu'il voudroit répondre aux sentimens de son pere, & qu'il ne le peut pas. Son pere se méprend à son action, & dit en le suivant) :

Dieu ! Est-ce ainsi qu'on accueille un pere ! Il s'éloigne de moi... Enfant ingrat, enfant dénaturé ! Eh où irez-vous que je ne vous suive ?.. Partout je vous suivrai. Partout je vous redemanderai mon fils...

(S.t Albin s'éloigne encore, & son pere le suit, en lui criant avec violence)

Rens-moi mon fils... rens-moi mon fils.

(S.t Albin va s'appuyer contre le mur, éle-

vant ses mains & cachant sa tête entre ses bras ; & son pere continue) :

Il ne me répond rien. Ma voix n'arrive plus jusqu'à son cœur. Une passion insensée l'a fermé. Elle a tout détruit. Il est devenu stupide & féroce.

(*Il se renverse dans un fauteuil, & dit*) :

O pere malheureux ! Le Ciel m'a frappé. Il me punit dans cet objet de ma foiblesse. . . J'en mourrai. . . Cruels enfans, c'est mon souhait. . . c'est le vôtre. . .

CÉCILE

(*s'approchant de son pere en sanglotant*).

Ah ! . . Ah !

LE PERE DE FAMILLE.

Consolez-vous. . . Vous ne verrez pas long-tems mon chagrin. . . Je me retirerai. . . J'irai dans quelque endroit ignoré attendre la fin d'une vie qui vous pese.

CÉCILE

(*avec douleur, & saisissant les mains de son pere*).

Si vous quittez vos enfans, que voulez-vous qu'ils deviennent ?

LE PERE DE FAMILLE

(*après un moment de silence*).

Cécile, j'avois des vûes sur vous ... Germeuil... Je disois en vous regardant tous les deux, voilà celui qui fera le bonheur de ma fille... elle relevera la famille de mon ami.

CÉCILE

(*surprise*).

Qu'ai-je entendu !

S.t ALBIN.

(*se retournant avec fureur*).

Il auroit épousé ma sœur ? Je l'appellerois mon frere ! Lui !

LE PERE DE FAMILLE.

Tout m'accable à la fois... Il n'y faut plus penser.

SCENE V.

S.T ALBIN, CECILE, LE PERE DE FAMILLE, GERMEUIL.

S.t ALBIN.

LE voilà, le voilà. Sortez, sortez tous.

CÉCILE.

(*en courant au-devant de Germeuil*).

Germeuil, arrêtez. N'approchez pas. Arrêtez.

LE PERE DE FAMILLE

(*en saisissant son fils par le milieu du corps, & l'entraînant hors de la salle*).

S.t Albin ... mon fils....

(*Cependant Germeuil s'avance d'une démarche ferme & tranquille*).

(*S.t Albin avant que de sortir, détourne la tête, & fait signe à Germeuil*).

CÉCILE.

Suis-je assez malheureuse!

(*Le Pere de Famille rentre, & se rencontre sur le fond de la Salle avec le Commandeur qui se montre*).

SCENE VI.

CECILE, GERMEUIL, LE PERE DE FAMILLE, LE COMMANDEUR.

LE PERE DE FAMILLE.

MOn frere, dans un moment je suis à vous.

LE COMMANDEUR.

C'est-à-dire, que vous ne voulez pas de moi dans celui-ci. Serviteur.

SCENE VII.

CECILE, GERMEUIL, LE PERE DE FAMILLE.

LE PERE DE FAMILLE (*à Germeuil*).

LA division & le trouble sont dans ma maison, & c'est vous qui les causez... Germeuil, je suis mécontent. Je ne vous reprocherai point ce que j'ai fait pour vous. Vous le voudriez peut-être. Mais après la confiance que je vous ai marquée, aujourd'hui, je ne daterai pas de plus loin ; je m'attendois à autre choſe de votre part . . . Mon fils médite un rapt ; il vous le confie, & vous me le laiſſez ignorer. Le Commandeur forme un autre projet odieux ; il vous le confie, & vous me le laiſſez ignorer.

GERMEUIL.

Ils l'avoient éxigé.

LE PERE DE FAMILLE.

Avez-vous dû le promettre ? . . Cependant cette fille diſparoît, & vous êtes convaincu de l'avoir emmenée. . . Qu'eſt-elle devenue ? . . Que faut-il que j'augure de votre ſilence ? . . Mais je ne vous preſſe pas de répondre. Il y a dans cette conduite une obſcurité qu'il ne me convient pas de percer. Quoi qu'il en ſoit, je m'intéreſſe à cette fille, & je veux qu'elle ſe retrouve.

Cécile, je ne compte plus ſur la conſolation que j'eſpérois trouver parmi vous. Je preſſens les chagrins qui attendent ma vieillesse, & je veux vous épargner la douleur d'en être témoins. Je n'ai rien négligé, je crois, pour votre bonheur, & j'apprendrai avec joie que mes enfans sont heureux.

SCENE VIII.

CECILE, GERMEUIL.

(*Cécile se jette dans un fauteuil, & penche tristement sa tête sur ses mains*).

GERMEUIL.

JE vois votre inquiétude, & j'attens vos reproches.

CÉCILE.

Je suis déséspérée... Mon frere en veut à votre vie.

GERMEUIL.

Son défi ne signifie rien. Il se croit offensé; mais je suis innocent & tranquille.

CÉCILE.

Pourquoi vous ai-je crû! Que n'ai-je suivi mon pressentiment!.. Vous avez entendu mon pere.

GERMEUIL.

Votre pere eſt un homme juſte, & je n'en crains rien.

CÉCILE.

Il vous aimoit. Il vous eſtimoit.

GERMEUIL.

S'il eut ces ſentimens, je les recouvrerai.

CÉCILE.

Vous auriez fait le bonheur de ſa fille... Cécile eût relevé la famille de ſon ami.

GERMEUIL.

Ciel ! il eſt poſſible !

CÉCILE

(*à elle-même*).

Je n'oſois lui ouvrir mon cœur... déſolé qu'il étoit de la paſſion de mon frere, je craignois d'ajoûter à ſa peine... Pouvois-je penſer que malgré l'oppoſition, la haine du Commandeur ? .. Ah, Germeuil ! C'eſt à vous qu'il me deſtinoit.

GERMEUIL.

Et vous m'aimiez ! .. Ah ! .. Mais j'ai fait ce que je devois... Quelles qu'en

cence; il connoîtra le motif de votre conduite, & j'obtiendrai mon pardon & le vôtre.

GERMEUIL.

Et cette infortunée à qui vous avez accordé un asyle ? . . Après l'avoir reçûe, en disposerez-vous sans la consulter ?

CÉCILE.

Mon pere est bon.

GERMEUIL.

Voilà votre frere.

SCENE IX.

CECILE, GERMEUIL, S.T ALBIN.

(Saint-Albin entre à pas lents : il a l'air sombre & farouche, la tête basse, les bras croisés, & le chapeau renfoncé sur les yeux).

CÉCILE

(se jette entre Germeuil & lui, & s'écrie)

SAint-Albin ! . . Germeuil !

S^t. ALBIN

(*à Germeuil*).

Je vous croyois ſeul.

CÉCILE.

Germeuil, c'eſt votre ami ; c'eſt mon frere.

GERMEUIL.

Mademoiſelle, je ne l'oublierai pas.

(*Il s'aſſied dans un fauteuil*).

St ALBIN

(*en ſe jettant dans un autre*).

Sortez ou reſtez ; je ne vous quitte plus.

CÉCILE

(*à Saint-Albin*).

Inſenſé ! .. Ingrat ! .. Qu'avez-vous réſolu ? .. Vous ne ſçavez pas ...

St ALBIN.

Je n'en ſçais que trop !

CÉCILE.

Vous vous trompez.

St ALBIN

(*en ſe levant*).

Laiſſez-moi. Laiſſez-nous ...

(*& s'adressant à Germeuil en portant la main à son épée*).

Germeuil . . .

(*Germeuil se leve subitement*).

CÉCILE

(*se tournant en face de son frere, lui crie*) :

O Dieu ! . . Arrêtez . . . Apprenez . . . Sophie . . .

S.t ALBIN.

Eh bien, Sophie ?

CÉCILE.

Que vais-je lui dire ? . .

S.t ALBIN.

Qu'en a-t-il fait ? Parlez. Parlez.

CÉCILE.

Ce qu'il en a fait ? . . Il l'a dérobée à vos fureurs . . . Il l'a dérobée aux poursuites du Commandeur . . . Il l'a conduite ici . . . Il a fallu la recevoir . . . Elle est ici, & elle y est malgré moi . . .

(*en sanglotant & en pleurant*).

Allez maintenant ; courez lui enfoncer votre épée dans le sein.

S.t ALBIN.

O Ciel! puis-je le croire! Sophie est ici!.. Et c'est lui?.. C'est vous?.. Ah ma sœur! Ah mon ami!.. Je suis un malheureux. Je suis un insensé.

GERMEUIL.

Vous êtes un amant.

S.t ALBIN.

Cécile, Germeuil, je vous dois tout... Me pardonnerez-vous?.. Oui, vous êtes justes; vous aimez aussi; vous vous mettrez à ma place, & vous me pardonnerez... Mais elle a sçu mon projet: elle pleure, elle se déséspére, elle me méprise, elle me hait... Cécile, voulez-vous vous venger? voulez-vous m'accabler sous le poids de mes torts? Mettez le comble à vos bontés... Que je la voye... Que je la voye un instant...

CÉCILE.

Qu'osez-vous me demander?

S.t ALBIN.

Ma sœur, il faut que je la voye. Il le faut.

CÉCILE.

Y pensez-vous ?

GERMEUIL.

Il ne sera raisonnable qu'à ce prix.

S.t ALBIN.

Cécile.

CÉCILE.

Et mon pere ? Et le Commandeur ?

S.t ALBIN.

Et que m'importe ?.. Il faut que je la voye, & j'y cours.

GERMEUIL.

Arrêtez.

CÉCILE.

Germeuil.

GERMEUIL.

Mademoiselle, il faut appeller.

CÉCILE.

O la cruelle vie !

(*Germeuil sort pour appeller, & rentre avec Mademoiselle Clairet. Cécile s'avance sur le fond*).

S.t ALBIN

(*lui saisit la main en passant, & la baise*

avec transport. Il se retourne ensuite vers Germeuil, & lui dit en l'embrassant) :

Je vais la revoir !

CÉCILE

(*après avoir parlé bas à Mademoiselle Clairet, continue haut & d'un ton chagrin*) :

Conduisez-la.. Prenez bien garde.

GERMEUIL.

Ne perdez pas de vûe le Commandeur.

S.t ALBIN.

Je vais revoir Sophie !

(*Il s'avance, en écoutant du côté où Sophie doit entrer, & il dit*) :

J'entens ses pas,.. Elle approche... Je tremble ... Je frissonne ... Il semble que mon cœur veuille s'échapper de moi, & qu'il craigne d'aller au-devant d'elle... Je n'oserai lever les yeux ... Je ne pourrai jamais lui parler.

SCENE X.

CECILE, GERMEUIL, SAINT-ALBIN, SOPHIE, *Mademoiſelle* CLAIRET *dans l'anti-chambre, à l'entrée de la Salle.*

SOPHIE

(*appercevant Saint-Albin, court effrayée ſe jetter entre les bras de Cécile, & s'écrie*) :

MAdemoiſelle.

S.t ALBIN

(*la ſuivant*).

Sophie.

(*Cécile tient Sophie entre ſes bras, & la ſerre avec tendreſſe*).

GERMEUIL

(*appelle*).

Mademoiſelle Clairet.

M.lle CLAIRET

(*du dedans*).

J'y ſuis.

CÉCILE

(*à Sophie*).

Ne craignez rien. Raſſurez-vous. Aſſeyez-vous.

(Sophie s'assied. Cécile & Germeuil se retirent au fond du théatre, où ils demeurent spectateurs de ce qui se passe entre Sophie & Saint-Albin. Germeuil a l'air sérieux & rêveur. Il regarde quelquefois tristement Cécile, qui de son côté montre du chagrin & de tems en tems de l'inquiétude).

St ALBIN

(à Sophie, qui a les yeux baissés & le maintien sévére).

C'est vous. C'est vous. Je vous recouvre ... Sophie ... O Ciel, quelle sévérité ! Quel silence ! .. Sophie ne me refusez pas un regard ... J'ai tant souffert ... Dites un mot à cet infortuné ...

SOPHIE

(sans le regarder).

Le méritez-vous ?

St ALBIN.

Demandez-leur.

SOPHIE.

Qu'est-ce qu'on m'apprendra ? N'en sçais-je pas assez ? Où suis-je ? Que fais-je ici ? Qui est-ce qui m'y a conduite ?

Qui m'y retient ? ... Monſieur, qu'avez-vous réſolu de moi ?

St ALBIN.

De vous aimer, de vous poſſéder, d'être à vous malgré toute la terre, malgré vous.

SOPHIE.

Vous me montrez bien le mépris qu'on fait des malheureux. On les compte pour rien. On ſe croit tout permis avec eux. Mais, Monſieur, j'ai des parens auſſi.

St ALBIN.

Je les connoîtrai. J'irai. J'embraſſerai leurs genoux ; & c'eſt d'eux que je vous obtiendrai.

SOPHIE.

Ne l'eſpérez pas. Ils ſont pauvres, mais ils ont de l'honneur... Monſieur, rendez-moi à mes parens. Rendez-moi à moi-même. Renvoyez-moi.

St ALBIN.

Demandez plûtôt ma vie. Elle eſt à vous.

SOPHIE.

O Dieu, que vais-je devenir !

(à Cécile, à Germeuil d'un ton déſolé & ſuppliant).

Monſieur ... Mademoiſelle ...

(& ſe retournant vers Saint-Albin).

Monſieur, renvoyez-moi... Renvoyez-moi ... Homme cruel, faut-il tomber à vos pieds ? M'y voilà.

(Elle ſe jette aux pieds de Saint-Albin).

S.t ALBIN

(tombe aux ſiens, & dit) :

Vous, à mes pieds ! C'eſt à moi à me jetter, à mourir aux vôtres.

SOPHIE

(relevée).

Vous êtes ſans pitié... Oui, vous êtes ſans pitié ... Vil raviſſeur, que t'ai-je fait ? Quel droit as-tu ſur moi ?.. Je veux m'en aller... Qui eſt-ce qui oſera m'arrêter ?...... Vous m'aimez ?.. Vous m'avez aimée ?.. Vous ?

S.t ALBIN.

Qu'ils le diſent.

SOPHIE.

Vous avez réſolu ma perte . . . Oui, vous l'avez réſolue, & vous l'acheverez . . . Ah, Sergi !

(*En diſant ce mot avec douleur, elle ſe laiſſe aller dans un fauteuil ; elle détourne ſon viſage de S.t Albin, & ſe met à pleurer*).

S.t ALBIN.

Vous détournez vos yeux de moi . . . Vous pleurez. Ah, j'ai mérité la mort . . . Malheureux que je ſuis ! Qu'ai-je voulu ? Qu'ai-je dit ? Qu'ai-je oſé ? Qu'ai-je fait ?

SOPHIE

(*à elle-même*).

Pauvre Sophie, à quoi le Ciel t'a réſervée ! . . La miſere m'arrache d'entre les bras d'une mere . . . J'arrive ici avec un de mes freres . . . Nous y venions chercher de la commiſération, & nous n'y rencontrons que le mépris & la dureté . . . Parce que nous ſommes pauvres, on nous méconnoît, on nous repouſſe . . . Mon frere me laiſſe . . . Je reſte ſeule . . . Une bonne femme voit ma jeuneſſe, &

prend pitié de mon abandon... Mais une étoile qui veut que je sois malheureuse, conduit cet homme-là sur mes pas, & l'attache à ma perte... J'aurai beau pleurer... Ils veulent me perdre, & ils me perdront... Si ce n'est celui-ci, ce sera son oncle... (*Elle se leve*). Eh que me veut cet oncle?.. Pourquoi me poursuit-il aussi?.. Est-ce moi qui ai appellé son neveu?.. Le voilà. Qu'il parle. Qu'il s'accuse lui-même... Homme trompeur, homme ennemi de mon repos, parlez...

S.t ALBIN.

Mon cœur est innocent. Sophie, ayez pitié de moi... Pardonnez-moi.

SOPHIE.

Qui s'en seroit méfié?.. Il paroissoit si tendre & si bon!.. Je le croyois doux...

S.t ALBIN.

Sophie, pardonnez-moi.

SOPHIE.

Que je vous pardonne!

S.t ALBIN.

Sophie.

(*Il veut lui prendre la main*).

SOPHIE.

Retirez-vous. Je ne vous aime plus. Je ne vous eſtime plus. Non.

S.t ALBIN.

O Dieu, que vais-je devenir! .. Ma ſœur, Germeuil, parlez; parlez pour moi... Sophie, pardonnez-moi.

SOPHIE.

Non.

(*Cécile & Germeuil s'approchent*).

CÉCILE.

Mon enfant.

GERMEUIL.

C'eſt un homme qui vous adore.

SOPHIE.

Eh bien, qu'il me le prouve. Qu'il me défende contre ſon oncle; qu'il me rende à mes parens; qu'il me renvoye, & je lui pardonne.

SCENE XI.

GERMEUIL, CECILE, S.T ALBIN, SOPHIE, *Mademoiselle* CLAIRET.

M.lle CLAIRET
(*à Cécile*).

MAdemoiselle, on vient; on vient.

GERMEUIL.

Sortons tous.

(*Cécile remet Sophie entre les mains de Mademoiselle Clairet. Ils sortent tous de la salle par différens côtés*).

SCENE XII.

LE COMMANDEUR, *Madame* HEBERT, DESCHAMPS.

(*Le Commandeur entre brusquement. Madame Hébert & Deschamps le suivent*).

M.me HÉBERT
(*en montrant Deschamps*).

OUi, Monsieur, c'est lui. C'est lui qui accompagnoit le méchant qui me l'a ravie. Je l'ai reconnu tout d'abord.

LE COMMANDEUR.

Coquin ! A quoi tient-il que je n'envoye chercher un Commiſſaire, pour t'apprendre ce que l'on gagne à ſe prêter à des forfaits ?

DESCHAMPS.

Monſieur, ne me perdez pas. Vous me l'avez promis.

LE COMMANDEUR.

Eh bien, elle eſt donc ici ?

DESCHAMPS.

Oui, Monſieur.

LE COMMANDEUR

(*à part*).

Elle eſt ici, ô Commandeur, & tu ne l'as pas déviné !

(*A Deſchamps*).

Et c'eſt dans l'appartement de ma niéce ?

DESCHAMPS.

Oui, Monſieur.

LE COMMANDEUR.

Et le coquin qui ſuivoit le caroſſe, c'eſt toi ?

DESCHAMPS.

DESCHAMPS.

Oui, Monſieur.

LE COMMANDEUR.

Et l'autre qui étoit dedans, c'eſt Germeuil ?

DESCHAMPS.

Oui, Monſieur.

LE COMMANDEUR.

Germeuil ?

M.me HÉBERT.

Il vous l'a déja dit.

LE COMMANDEUR
(*à part*).

Oh, pour le coup, je les tiens.

M.me HÉBERT.

Monſieur, quand ils l'ont emmenée, elle me tendoit les bras, & elle me diſoit : Adieu, ma bonne ; je ne vous reverrai plus ; priez pour moi. Monſieur, que je la voye, que je lui parle, que je la conſole.

LE COMMANDEUR.

Cela ne ſe peut... Quelle découverte !

M.me HÉBERT.

Sa mere & ſon frere me l'ont confiée. Que leur répondrai-je quand ils me la redemanderont ? Monſieur, qu'on me la rende, ou qu'on m'enferme avec elle.

LE COMMANDEUR

(*à lui-même*).

Cela ſe fera ; je l'eſpere.

(*à Madame Hébert*).

Mais pour le préſent, allez ; allez vîte. Et ſur-tout ne reparoiſſez plus. Si l'on vous apperçoit, je ne réponds de rien.

M.me HÉBERT.

Mais on me la rendra, & je puis y compter ?

LE COMMANDEUR.

Oui, oui, comptez & partez.

DESCHAMPS

(*en la voyant ſortir*).

Que maudits ſoient la vieille, & le portier qui l'a laiſſé paſſer !

LE COMMANDEUR

(*à Deſchamps*).

Et toi, maraut. . . va . . . conduis cette

ſemme chez elle . . . Et ſonge que ſi l'on découvre qu'elle m'a parlé . . . ou ſi elle ſe remontre ici, je te perds.

SCENE XIII.

LE COMMANDEUR *ſeul.*

LA maîtreſſe de mon neveu dans l'appartement de ma niece ! . . Quelle découverte ! . . Je me doutois bien que les valets étoient mêlés là-dedans . . . On alloit. On venoit. On ſe faiſoit des ſignes. On ſe parloit bas. Tantôt on me ſuivoit ; tantôt on m'évitoit . . . Il y a là une femme-de-chambre qui ne me quitte non plus que mon ombre . . . Voilà donc la cauſe de tous ces mouvemens auxquels je n'entendois rien . . . Commandeur, cela doit vous apprendre à ne jamais rien négliger. Il y a toûjours quelque choſe à ſçavoir où l'on fait du bruit... S'ils empêchoient cette vieille d'entrer, ils en avoient de bonnes raiſons... Les coquins ! .. Le haſard m'a conduit là bien à propos. . .

Maintenant voyons, examinons ce qui nous reste à faire... D'abord marcher sourdement, & ne point troubler leur sécurité... Et si nous allions droit au bonhomme ?.. Non. A quoi cela serviroit-il ?.. D'Auvilé, il faut montrer ici ce que tu sçais... Mais j'ai ma lettre de cachet !.. Ils me l'ont rendue !.. La voici... Oui... La voici. Que je suis fortuné !.. Pour cette fois, elle me servira. Dans un moment, je tombe sur eux. Je me saisis de la créature. Je chasse le coquin qui a tramé tout ceci... Je romps à la fois deux mariages... Ma niéce, ma prude niéce s'en ressouviendra, je l'espére... Et le bonhomme, j'aurai mon tour avec lui... Je me venge du pere, du fils, de la fille, de son ami... O Commandeur, quelle journée pour toi !

Fin du quatriéme Acte.

ACTE CINQUIEME.

SCENE I.

CECILE, *Mademoiselle* CLAIRET.

CÉCILE.

JE meurs d'inquiétude & de crainte... Deſchamps a-t-il reparu ?

M.lle CLAIRET.

Non, Mademoiſelle.

CÉCILE.

Où peut-il être allé ?

M.lle CLAIRET.

Je n'ai pû le ſçavoir.

CÉCILE.

Que s'eſt-il paſſé ?

M.lle CLAIRET.

D'abord il s'eſt fait beaucoup de mouvement & de bruit. Je ne ſçais combien ils étoient. Ils alloient & venoient. Tout-à-coup le mouvement & le bruit ont ceſſé.

Alors je me ſuis avancée ſur la pointe des pieds, & j'ai écouté de toutes mes oreilles; mais il ne me parvenoit que des mots ſans ſuite. J'ai ſeulement entendu Monſieur le Commandeur, qui crioit d'un ton menaçant : un Commiſſaire.

CÉCILE.

Quelqu'un l'auroit-il apperçûe ?

M.lle CLAIRET.

Non, Mademoiſelle.

CÉCILE.

Deſchamps auroit-il parlé ?

M.lle CLAIRET.

C'eſt autre choſe. Il eſt parti comme un éclair.

CÉCILE.

Et mon oncle ?

M.lle CLAIRET.

Je l'ai vû. Il geſticuloit. Il ſe parloit à lui-même. Il avoit tous les ſignes de cette gayeté méchante que vous lui connoiſſez.

CÉCILE.

Où eſt-il ?

M.lle CLAIRET.

Il eſt ſorti ſeul & à pied.

CÉCILE.

Allez... Courez... Attendez le retour de mon oncle... Ne le perdez pas de vûe... Il faut trouver Deſchamps... Il faut ſçavoir ce qu'il a dit.

(*Mademoiſelle Clairet ſort ; Cécile la rappelle, & lui dit*) :

Si-tôt que Germeuil ſera rentré, dites-lui que je ſuis ici.

SCENE II.

CECILE, SAINT-ALBIN.

CÉCILE.

OU en ſuis-je réduite!... Ah, Germeuil!.. Le trouble me ſuit... Tout ſemble me menacer... Tout m'effraye...

(*Saint-Albin entre, & Cécile allant à lui*) :

Mon frere, Deſchamps a diſparu. On ne ſçait ni ce qu'il a dit, ni ce qu'il eſt devenu. Le Commandeur eſt ſorti en ſecret,

& ſeul... Il ſe forme un orage. Je le vois. Je le ſens. Je ne veux pas l'attendre.

S.t ALBIN.

Après ce que vous avez fait pour moi, m'abandonnerez-vous ?

CÉCILE.

J'ai mal fait. J'ai mal fait... Cet enfant ne veut plus reſter ; il faut la laiſſer aller. Mon pere a vû mes allarmes. Plongé dans la peine, & délaiſſé par ſes enfans, que voulez-vous qu'il penſe, ſinon que la honte de quelque action indiſcrete leur fait éviter ſa préſence, & négliger ſa douleur ?.. Il faut s'en rapprocher. Germeuil eſt perdu dans ſon eſprit ; Germeuil qu'il avoit réſolu ... Mon frere, vous êtes généreux ; n'expoſez pas plus long-tems votre ami, votre ſœur, la tranquillité & les jours de mon pere.

S.t ALBIN.

Non, il eſt dit que je n'aurai pas un inſtant de repos.

CÉCILE.

Si cette femme avoit pénétré !.. Si le Commandeur sçavoit! ... Je n'y pense pas sans frémir ... Avec quelle vraisemblance & quel avantage il nous attaqueroit ! Quelles couleurs il pourroit donner à notre conduite ! & cela dans un moment où l'ame de mon pere est ouverte à toutes les impressions qu'on y voudra jetter.

S.t ALBIN.

Où est Germeuil ?

CÉCILE.

Il craint pour vous. Il craint pour moi. Il est allé chez cette femme ...

SCENE III.

CECILE, SAINT-ALBIN, *Mademoiselle* CLAIRET.

M.lle CLAIRET

(*se montre sur le fond, & leur crie*) :

LE Commandeur est rentré.

SCENE IV.

CECILE, SAINT-ALBIN, GERMEUIL.

GERMEUIL.

LE Commandeur sçait tout.

CÉCILE & S.t ALBIN

(*avec effroi*).

Le Commandeur sçait tout !

GERMEUIL.

Cette femme a pénetré. Elle a reconnu Deschamps. Les menaces du Commandeur ont intimidé celui-ci, & il a tout dit.

CÉCILE.

Ah !

S.t ALBIN.

Que vais-je devenir !

CÉCILE.

Que dira mon pere !

GERMEUIL.

Le tems presse. Il ne s'agit pas de se plaindre. Si nous n'avons pû ni écarter, ni prévenir le coup qui nous menace, du-moins qu'il nous trouve rassemblés & prêts à le recevoir.

CÉCILE.

Ah, Germeuil, qu'avez-vous fait !

GERMEUIL.

Ne suis-je pas assez malheureux ?

SCENE V.

CECILE, S.T ALBIN, GERMEUIL, *Mademoiselle* CLAIRET.

M.lle CLAIRET

(*se remontre sur le fond, & leur crie*) :

VOici le Commandeur.

GERMEUIL.

Il faut nous retirer.

CÉCILE.

Non, j'attendrai mon pere.

S.ᵗ ALBIN.

Ciel, qu'allez-vous faire !

GERMEUIL.

Allons, mon ami.

S.ᵗ ALBIN.

Allons sauver Sophie.

CÉCILE.

Vous me laissez !

SCENE VI.

CECILE *seule.*

(*Elle va, Elle vient, Elle dit*) :

JE ne sçais que devenir...

(*Elle se tourne vers le fond de la salle, & crie*).

Germeuil... Saint-Albin... O mon pere, que vous répondrai-je !... Que dirai-je à mon oncle ?... Mais le voici... Asseyons-nous... Prenons mon ouvrage... Cela me dispensera du-moins de le regarder.

(*Le Commandeur entre ; Cécile se leve & le salue les yeux baissés*).

SCENE VII.

CECILE, LE COMMANDEUR.

LE COMMANDEUR

(*ſe retourne, regarde vers le fond & dit*) :

MA niéce, tu as-là une femme-de-chambre bien alerte... On ne ſçauroit faire un pas ſans la rencontrer... Mais te voilà, toi, bien rêveuſe & bien délaiſſée... Il me ſemble que tout commence à ſe raſſeoir ici.

CÉCILE

(*en begayant*).

Oui... je crois... que... Ah!

LE COMMANDEUR

(*appuyé ſur ſa canne & debout devant elle*).

La voix & les mains te tremblent... C'eſt une cruelle choſe que le trouble... Ton frere me paroît un peu remis... Voilà comme ils ſont tous. D'abord c'eſt un déſeſpoir où il ne s'agit de rien moins que de ſe noyer ou ſe pendre. Tournez la main, piſt, ce n'eſt plus cela... Je me trompe fort, ou il n'en ſeroit pas de même de toi. Si ton cœur ſe prend une fois, cela durera.

CÉCILE
(*parlant à ſon ouvrage*).

Encore!

LE COMMANDEUR
(*ironiquement*).

Ton ouvrage va mal.

CÉCILE
(*triſtement*).

Fort mal.

LE COMMANDEUR.

Comment Germeuil & ton frere ſont-ils maintenant? .. Aſſez bien, ce me ſemble? .. Cela s'eſt apparemment éclairci, .. Tout s'éclaircit à la fin, & puis on eſt ſi honteux de s'être mal conduit! .. Tu ne ſçais pas cela, toi qui as toûjours été ſi réſervée, ſi circonſpecte.

CÉCILE
(*à part*).

Je n'y tiens plus.

(*Elle ſe leve*).

J'entens, je crois, mon pere.

LE COMMANDEUR.

Non, tu n'entens rien . . . C'eſt un étrange homme que ton pere. Toûjours occupé, ſans ſçavoir de quoi. Perſonne, comme lui, n'a le talent de regarder & de ne rien voir . . . Mais revenons à l'ami Germeüil... Quand tu n'es pas avec lui, tu n'es pas trop fâchée qu'on t'en parle... Je n'ai pas changé d'avis ſur ſon compte au moins.

CÉCILE.

Mon oncle...

LE COMMANDEUR.

Ni toi non plus, n'eſt-ce pas ? .. Je lui découvre tous les jours quelque qualité, & je ne l'ai jamais ſi bien connu... C'eſt un garçon ſurprenant...

(*Cécile ſe leve encore*).

Mais tu es bien preſſée ?

CÉCILE.

Il eſt vrai.

LE COMMANDEUR.

Qu'as-tu qui t'appelle ?

CÉCILE.

J'attendois mon pere. Il tarde à venir, & j'en suis inquiéte.

SCENE VIII.

LE COMMANDEUR *seul.*

INquiéte, je te conseille de l'être. Tu ne sçais pas ce qui t'attend... Tu auras beau pleurer, gémir, soupirer; il faudra se séparer de l'ami Germeuil... Un ou deux ans de couvent seulement... Mais j'ai fait une bevûe. Le nom de cette Clairet eût été fort bien sur ma lettre de cachet, & il n'en auroit pas coûté davantage... Mais le bonhomme ne vient point... Je n'ai plus rien à faire, & je commence à m'ennuyer...

(*Il se retourne; & appercevant le Pere de Famille qui vient, il lui dit*):

Arrivez donc, bonhomme; arrivez donc.

SCENE IX.

LE COMMANDEUR, LE PERE DE FAMILLE.

LE PERE DE FAMILLE.

ET qu'avez-vous de si pressé à me dire?

LE COMMANDEUR.

Vous l'allez sçavoir. . . . Mais attendez un moment.

(*Il s'avance doucement vers le fond de la salle, & dit à la femme-de-chambre qu'il surprend au guet*).

Mademoiselle, approchez. Ne vous gênez pas. Vous entendrez mieux.

LE PERE DE FAMILLE.

Qu'est-ce qu'il y a? A qui parlez-vous?

LE COMMANDEUR.

Je parle à la femme-de-chambre de votre fille qui nous écoute.

LE PERE DE FAMILLE.

Voilà l'effet de la méfiance que vous avez semée entre vous & mes enfans.

Vous les avez éloignés de moi, & vous les avez mis en ſociété avec leurs gens.

LE COMMANDEUR.

Non, mon frere, ce n'eſt pas moi qui les ai éloignés de vous ; c'eſt la crainte que leurs démarches ne fuſſent éclairées de trop près. S'ils ſont, pour parler comme vous, en ſociété avec leurs gens, c'eſt par le beſoin qu'ils ont eu de quelqu'un qui les ſervît dans leur mauvaiſe conduite. Entendez-vous, mon frere ? . . Vous ne ſçavez pas ce qui ſe paſſe autour de vous. Tandis que vous dormez dans une ſécurité qui n'a point d'exemple, ou que vous vous abandonnez à une triſteſſe inutile, le deſordre s'eſt établi dans votre maiſon. Il a gagné de toute part, & les valets, & les enfans, & leurs entours . . . Il n'y eut jamais ici de ſubordination ; il n'y a plus ni décence ni mœurs.

LE PERE DE FAMILLE.

Ni mœurs !

LE COMMANDEUR.

Ni mœurs.

LE PERE DE FAMILLE.

Monſieur le Commandeur, expliquez-vous... Mais non, épargnez-moi...

LE COMMANDEUR.

Ce n'eſt pas mon deſſein.

LE PERE DE FAMILLE.

J'ai de la peine tout ce que j'en peux porter.

LE COMMANDEUR.

Du caractere foible dont vous êtes, je n'eſpere pas que vous en conceviez le reſſentiment vif & profond qui conviendroit à un pere. N'importe : j'aurai fait ce que j'ai dû, & les ſuites en retomberont ſur vous ſeul.

LE PERE DE FAMILLE.

Vous m'effrayez. Qu'eſt-ce donc qu'ils ont fait ?

LE COMMANDEUR.

Ce qu'ils ont fait ? De belles choſes. Ecoutez. Ecoutez.

LE PERE DE FAMILLE.

J'attens.

LE COMMANDEUR.

Cette petite fille, dont vous êtes si fort en peine...

LE PERE DE FAMILLE.

Eh bien?

LE COMMANDEUR.

Où croyez-vous qu'elle soit?

LE PERE DE FAMILLE.

Je ne sçais.

LE COMMANDEUR.

Vous ne sçavez?.. Sçachez donc qu'elle est chez vous.

LE PERE DE FAMILLE.

Chez moi!

LE COMMANDEUR.

Chez vous. Oui, chez vous... Et qui croyez-vous qui l'y ait introduite?

LE PERE DE FAMILLE.

Germeuil?

LE COMMANDEUR.

Et celle qui l'a reçue?

LE PERE DE FAMILLE.

Mon frere, arrêtez... Cécile... ma fille...

LE COMMANDEUR.

Oui, Cécile ; oui, votre fille a reçu chez elle la maîtresse de son frere. Celà est honnête, qu'en pensez-vous ?

LE PERE DE FAMILLE.

Ah !

LE COMMANDEUR.

Ce Germeuil reconnoît d'une étrange maniere les obligations qu'il vous a.

LE PERE DE FAMILLE.

Ah Cécile, Cécile ! Où sont les principes que vous a inspirés votre mere ?

LE COMMANDEUR.

La maîtresse de votre fils, chez vous, dans l'appartement de votre fille ! Jugez, jugez.

LE PERE DE FAMILLE.

Ah Germeuil ! . . Ah mon fils ! . . Que je suis malheureux !

LE COMMANDEUR.

Si vous l'êtes, c'est par votre faute. Rendez-vous justice.

LE PERE DE FAMILLE.

Je perds tout en un moment ; mon fils, ma fille, un ami.

LE COMMANDEUR.

C'eſt votre faute.

LE PERE DE FAMILLE.

Il ne me reſte qu'un frere cruel, qui ſe plaît à aggraver ſur moi la douleur... Homme cruel, éloignez-vous. Faites-moi venir mes enfans. Je veux voir mes enfans.

LE COMMANDEUR.

Vos enfans? Vos enfans ont bien mieux à faire que d'écouter vos lamentations. La maîtreſſe de votre fils... à côté de lui... dans l'appartement de votre fille... Croyez-vous qu'ils s'ennuient?

LE PERE DE FAMILLE.

Frere barbare, arrêtez... Mais non, achevez de m'aſſaſſiner.

LE COMMANDEUR.

Puiſque vous n'avez pas voulu que je prévinſſe votre peine, il faut que vous en bûviez toute l'amertume.

LE PERE DE FAMILLE.

O mes eſpérances perdues !

LE COMMANDEUR.

Vous avez laiſſé croître leurs défauts avec eux ; & s'il arrivoit qu'on vous les montrât, vous avez détourné la vûe. Vous leur avez appris vous-même à mépriſer votre autorité. Ils ont tout oſé, parce qu'ils le pouvoient impunément.

LE PERE DE FAMILLE.

Quel ſera le reſte de ma vie ! Qui adoucira les peines de mes dernieres années ? Qui me conſolera ?

LE COMMANDEUR.

Quand je vous diſois ; veillez ſur votre fille, votre fils ſe dérange, vous avez chez vous un coquin ; j'étois un homme dur, méchant, importun.

LE PERE DE FAMILLE.

J'en mourrai. J'en mourrai. Et qui chercherai-je autour de moi... Ah !.. Ah !..

(*Il pleure*).

LE COMMANDEUR.

Vous avez négligé mes conſeils. Vous

en avez ri. Pleurez, pleurez maintenant.

LE PERE DE FAMILLE.

J'aurai eu des enfans. J'aurai vêcu malheureux, & je mourrai seul... Que m'aura-t-il servi d'avoir été pere? .. Ah! ..

LE COMMANDEUR.

Pleurez.

LE PERE DE FAMILLE.

Homme cruel, épargnez-moi. A chaque mot qui sort de votre bouche, je sens une secousse qui tire mon ame & qui la déchire... Mais non, mes enfans ne sont pas tombés dans les égaremens que vous leur reprochez. Ils sont innocens. Je ne croirai point qu'ils se soient avilis, qu'ils m'ayent oublié jusques-là... S.t-Albin! .. Cécile! .. Germeuil! .. Où sont-ils? .. S'ils peuvent vivre sans moi, je ne peux vivre sans eux... J'ai voulu les quitter... Moi, les quitter! .. Qu'ils viennent... Qu'ils viennent tous se jetter à mes pieds.

LE COMMANDEUR.

Homme pusillanime, n'avez-vous point de honte?

LE PERE DE FAMILLE.

Qu'ils viennent... Qu'ils s'accuſent... Qu'ils ſe repentent...

LE COMMANDEUR.

Non, je voudrois qu'ils fuſſent cachés quelque part, & qu'ils vous entendiſſent.

LE PERE DE FAMILLE.

Et qu'entendroient-ils qu'ils ne ſçachent?

LE COMMANDEUR.

Et dont ils n'abuſent.

LE PERE DE FAMILLE.

Il faut que je les voie & que je leur pardonne, ou que je les haïſſe...

LE COMMANDEUR.

Eh bien voyez-les. Pardonnez-leur. Aimez-les, & qu'ils ſoient à jamais votre tourment & votre honte. Je m'en irai ſi loin, que je n'entendrai parler ni d'eux ni de vous.

SCENE X.

LE COMMANDEUR, LE PERE DE FAMILLE, *Madame* HEBERT, *Monsieur* LE BON, DESCHAMPS.

LE COMMANDEUR
(*appercevant Madame Hébert*).

FEmme maudite ! (*A Deschamps*) ; & toi, coquin, que fais-tu ici?

Mme HÉBERT, M^r^ LE BON & DESCHAMPS
(*au Commandeur*).

Monsieur.

LE COMMANDEUR.
(*à Madame Hébert*).

Que venez-vous chercher ? Retournez-vous-en. Je sçais ce que je vous ai promis, & je vous tiendrai parole.

Mme HÉBERT.

Monsieur... Vous voyez ma joie... Sophie...

LE COMMANDEUR.

Allez, vous dis-je.

M.^r^ LE BON.

Monsieur, Monsieur, écoutez-la.

M.me HÉBERT.

Ma Sophie... mon enfant... n'eſt pas ce qu'on penſe... Monſieur le Bon... parlez... je ne puis.

LE COMMANDEUR
(*à Monſieur le Bon*).

Eſt-ce que vous ne connoiſſez pas ces femmes-là, & les contes qu'elles ſçavent faire?.. Monſieur le Bon, à votre âge, vous donnez là-dedans?

M.me HÉBERT
(*au Pere de Famille*).

Monſieur, elle eſt chez vous.

LE PERE DE FAMILLE
(*à part & douloureuſement*).

Il eſt donc vrai!

Mme HÉBERT.

Je ne demande pas qu'on m'en croie... Qu'on la faſſe venir.

LE COMMANDEUR.

Ce ſera quelque parente de ce Germeuil, qui n'aura pas de ſouliers à mettre à ſes pieds.

(*Ici on entend au-dedans du bruit, du tumulte, des cris confus*).

LE PERE DE FAMILLE.

J'entens du bruit.

LE COMMANDEUR.

Ce n'eſt rien.

CÉCILE

(*au-dedans*).

Philippe, Philippe, appellez mon pere.

LE PERE DE FAMILLE.

C'eſt la voix de ma fille.

M.me HÉBERT

(*au Pere de Famille*).

Monſieur, faites venir mon enfant... :

S.t ALBIN

(*au-dedans*).

N'approchez pas. Sur votre vie, n'approchez pas.

M.me HÉBERT & Mr LE BON

(*au Pere de Famille*).

Monſieur, accourez.

LE COMMANDEUR

(*au Pere de Famille*).

Ce n'eſt rien, vous dis-je.

SCENE XI.

LE COMMANDEUR, LE PERE DE FAMILLE, M.me HEBERT, M.r LE BON, DESCHAMPS, M.lle CLAIRET.

M.lle CLAIRET
(*effrayée, au Pere de Famille*).

DEs épées, un exempt, des gardes. Monsieur, accourez, si vous ne voulez pas qu'il arrive malheur.

SCENE XII. & derniere.

LE PERE DE FAMILLE, LE COMMANDEUR, M.me HEBERT, M.r LE BON, DESCHAMPS, M.lle CLAIRET, CECILE, SOPHIE, SAINT-ALBIN, GERMEUIL, UN EXEMPT, PHILIPPE, *des Domestiques. Toute la maison.*

(*Cécile, Sophie, l'Exempt, St-Albin, Germeuil & Philippe entrent en tumulte, St-Albin a l'épée tirée, & Germeuil le retient*).

CÉCILE

(*entre en criant*).

MOn pere.

SOPHIE

(*en courant vers le Pere de Famille, & en criant*) :

Monsieur.

LE COMMANDEUR

(*à l'Exempt, en criant*).

Monsieur l'Exempt, faites votre devoir.

SOPHIE & *Madame* HÉBERT

(*en s'adressant au Pere de Famille; & la premiere, en se jettant à ses genoux*).

Monsieur.

S.t ALBIN.

(*toûjours retenu par Germeuil*).

Auparavant il faut m'ôter la vie. Germeuil, laissez-moi.

LE COMMANDEUR

(*à l'Exempt*).

Faites votre devoir.

LE PERE DE FAMILLE, S.t ALBIN, *Madame* HÉBERT, *Monsieur* LE BON, (*à l'Exempt*).

Arrêtez.

Madame HÉBERT & M.r LE BON (*au Commandeur, en tournant de son côté Sophie, qui est toûjours à genoux*).

Monsieur, regardez-la.

LE COMMANDEUR (*sans la regarder*).

De par le Roi, Monsieur l'Exempt, faites votre devoir.

S.t ALBIN (*en criant*).

Arrêtez.

Madame HÉBERT & M.r LE BON (*en criant au Commandeur & en même tems que Saint-Albin*).

Regardez-la.

SOPHIE, (*en s'adressant au Commandeur*).

Monsieur.

LE COMMANDEUR (*se retourne, la regarde, & s'écrie stupéfait*).

Ah !

Madame HÉBERT & M.r LE BON.

Oui, Monſieur, c'eſt elle. C'eſt votre niéce.

S.t ALBIN, CÉCILE, GERMEUIL, M.lle CLAIRET.

Sophie, la niéce du Commandeur!

SOPHIE

(*toûjours à genoux, au Commandeur*)

Mon cher oncle.

LE COMMANDEUR

(*bruſquement*).

Que faites-vous ici?

SOPHIE

(*tremblante*).

Ne me perdez pas.

LE COMMANDEUR.

Que ne reſtiez-vous dans votre province? Pourquoi n'y pas retourner, quand je vous l'ai fait dire?

SOPHIE.

Mon cher oncle, je m'en irai. Je m'en retournerai. Ne me perdez pas.

LE PERE DE FAMILLE.

Venez, mon enfant. Levez-vous.

M.me HÉBERT.

Ah, Sophie !

SOPHIE.

Ah, ma bonne !

M.me HÉBERT.

Je vous embrasse.

SOPHIE

(*en même tems*).

Je vous revois.

CÉCILE

(*en se jettant aux pieds de son pere*).

Mon pere, ne condamnez pas votre fille sans l'entendre. Malgré les apparences, Cécile n'est point coupable. Elle n'a pû ni délibérer, ni vous consulter . . .

LE PERE DE FAMILLE

(*d'un air un peu sévère, mais touché*).

Ma fille, vous êtes tombée dans une grande imprudence.

CÉCILE.

Mon pere.

LE PERE DE FAMILLE

(*avec tendresse*).

Levez-vous.

S.t ALBIN.

Mon pere, vous pleurez.

LE PERE DE FAMILLE.

C'est sur vous, c'est sur votre sœur. Mes enfans, pourquoi m'avez-vous négligé ? Voyez : vous n'avez pû vous éloigner de moi sans vous égarer.

S.t ALBIN & CÉCILE

(en lui baisant les mains).

Ah, mon pere !

(Cependant le Commandeur paroît confondu).

LE PERE DE FAMILLE

(après avoir essuyé ses larmes, prend un air d'autorité, & dit au Commandeur) :

Monsieur le Commandeur, vous avez oublié que vous étiez chez moi.

L'EXEMPT.

Est-ce que Monsieur n'est pas le maître de la maison ?

LE PERE DE FAMILLE

(à l'Exempt).

C'est ce que vous auriez dû sçavoir

avant que d'y entrer. Allez, Monsieur ; je réponds de tout.

(L'Exempt sort).

S.t ALBIN.

Mon pere.

LE PERE DE FAMILLE

(avec tendresse).

Je t'entens.

S.t ALBIN

(en présentant Sophie au Commandeur).

Mon oncle.

SOPHIE,

(au Commandeur, qui se détourne d'elle).

Ne repoussez pas l'enfant de votre frere.

LE COMMANDEUR

(sans la regarder).

Oui, d'un homme sans arrangement, sans conduite, qui avoit plus que moi, qui a tout dissipé, & qui vous a réduits dans l'état où vous êtes.

SOPHIE.

Je me souviens, lorsque j'étois enfant : alors vous daigniez me caresser. Vous diſiez que je vous étois chere. Si je vous afflige aujourd'hui, je m'en irai, je m'en retournerai. J'irai retrouver ma mere, ma pauvre mere, qui avoit mis toutes ſes eſpérances en vous . . .

S.t ALBIN

Mon oncle.

LE COMMANDEUR.

Je ne veux ni vous voir, ni vous entendre.

LE PERE DE FAMILLE, S.t ALBIN, M.r LE BON,

(*en s'aſſemblant autour de lui*).

Mon frere . . . Monſieur le Commandeur . . . Mon oncle.

LE PERE DE FAMILLE.

C'eſt votre niéce.

LE COMMANDEUR.

Qu'eſt-elle venue faire ici ?

LE PERE DE FAMILLE

C'eſt votre ſang.

LE COMMANDEUR.

J'en ſuis aſſez fâché.

LE PERE DE FAMILLE.

Ils portent votre nom.

LE COMMANDEUR.

C'eſt ce qui me déſole.

LE PERE DE FAMILLE.

(*en montrant Sophie*).

Voyez-la. Où ſont les parens qui n'en fuſſent vains ?

LE COMMANDEUR.

Elle n'a rien : je vous en avertis.

St ALBIN.

Elle a tout.

LE PERE DE FAMILLE.

Ils s'aiment.

LE COMMANDEUR

(*au Pere de Famille*).

Vous la voulez pour votre fille ?

LE PERE DE FAMILLE.

Ils s'aiment.

LE COMMANDEUR

(*à Saint-Albin*).

Tu la veux pour ta femme ?

St ALBIN.

Si je la veux !

LE COMMANDEUR.

Aye-la ; j'y consens : aussi-bien je n'y consentirois pas qu'il n'en seroit ni plus ni moins . . .

(*au Pere de Famille*).

Mais c'est à une condition.

S.t ALBIN

(*à Sophie*).

Ah, Sophie ! nous ne serons plus séparés.

LE PERE DE FAMILLE.

Mon frere, grace entiere. Point de condition.

LE COMMANDEUR.

Non. Il faut que vous me fassiez justice de votre fille & de cet homme-là.

S.t ALBIN.

Justice ! Et de quoi ? Qu'ont-ils fait ? Mon pere, c'est à vous-même que j'en appelle.

LE PERE DE FAMILLE.

Cécile pense & sent. Elle a l'ame délicate. Elle se dira ce qu'elle m'a dû me paroître pendant un instant. Je n'ajoûterai rien à son propre reproche.

Germeuil... je vous pardonne... Mon estime & mon amitié vous seront conservées : mes bienfaits vous suivront partout ; mais . . .

(*Germeuil s'en va tristement, & Cécile le regarde aller*).

LE COMMANDEUR.

Encore passe.

M.lle CLAIRET.

Mon tour va venir. Allons préparer nos paquets.

(*Elle sort.*)

S.t ALBIN

(*à son pere*).

Mon pere, écoutez-moi... Germeuil, demeurez... C'est lui qui vous a conservé votre fils... Sans lui vous n'en auriez plus. Qu'allois-je devenir ?.. C'est lui qui m'a conservé Sophie... Menacée par moi, menacée par mon oncle, c'est Germeuil, c'est ma sœur, qui l'ont sauvée... Ils n'avoient qu'un instant... Elle n'avoit qu'un asyle ... Ils l'ont dérobée à ma violence ... Les punirez-vous de ma faute ? .. Cécile, venez. Il faut fléchir le meilleur des peres.

(Il amene sa sœur aux pieds de son pere, & s'y jette avec elle.

LE PERE DE FAMILLE.

Ma fille, je vous ai pardonné, que me demandez-vous ?

S.t ALBIN.

D'assûrer pour jamais son bonheur, le mien & le vôtre. Cécile... Germeuil... Ils s'aiment, ils s'adorent... Mon pere, livrez-vous à toute votre bonté. Que ce jour soit le plus beau jour de notre vie.

(Il court à Germeuil, il appelle Sophie).

Germeuil, Sophie... Venez, venez... Allons tous nous jetter aux pieds de mon pere.

SOPHIE

(Se jettant aussi aux pieds du Pere de Famille dont elle ne quitte gueres les mains, le reste de la scène).

Monsieur.

LE PERE DE FAMILLE
(*se penchant sur eux, & les relevant*).

Mes enfans... Mes enfans... Cécile, vous aimez Germeuil?

LE COMMANDEUR.

Et ne vous en ai-je pas averti?

CÉCILE.

Mon pere, pardonnez-moi.

LE PERE DE FAMILLE.

Pourquoi me l'avoir celé? Mes enfans, vous ne connoissez pas votre pere . . . Germeuil, approchez. Vos réserves m'ont affligé; mais je vous ai regardé de tout tems comme mon second fils. Je vous avois destiné ma fille. Qu'elle soit avec vous la plus heureuse des femmes.

LE COMMANDEUR.

Fort bien. Voilà le comble. J'ai vû arriver de loin cette extravagance; mais il étoit dit qu'elle se feroit malgré moi, & Dieu merci, la voilà faite. Soyons tous bien joyeux; nous ne nous reverrons plus.

LE PERE DE FAMILLE.

Vous vous trompez, Monſieur le Commandeur.

S.t ALBIN.

Mon oncle.

LE COMMANDEUR.

Retire-toi. Je voue à ta ſœur la haine la mieux conditionnée; & toi, tu aurois cent enfans que je n'en nommerai pas un. Adieu.

(*Il ſort*).

LE PERE DE FAMILLE.

Allons, mes enfans. Voyons qui de nous ſçaura le mieux réparer les peines qu'il a cauſées.

S.t ALBIN.

Mon pere, ma ſœur, mon ami, je vous ai tous affligés. Mais voyez-la, & accuſez-moi, ſi vous pouvez.

LE PERE DE FAMILLE.

Allons, mes enfans. Monſieur le Bon, amenez mes pupilles. Madame Hébert, j'aurai ſoin de vous. Soyons tous heureux.

(*à Sophie*).

Ma fille, votre bonheur ſera déſormais

l'occupation la plus douce de mon fils. Apprenez-lui à votre tour à calmer les emportemens d'un caractere trop violent. Qu'il ſçache qu'on ne peut être heureux, quand on abandonne ſon ſort à ſes paſſions. Que votre ſoumiſſion, votre douceur, votre patience, toutes les vertus que vous nous avez montrées en ce jour, ſoient à jamais le modele de ſa conduite, & l'objet de ſa plus tendre eſtime...

S.t ALBIN
(*avec vivacité*).

Ah oui, mon papa.

LE PERE DE FAMILLE
(*à Germeuil*).

Mon fils, mon cher fils! Qu'il me tardoit de vous appeller de ce nom.

(*Ici Cécile baiſe la main de ſon pere*).

Vous ferez des jours heureux à ma fille. J'eſpere que vous n'en paſſerez avec elle aucun qui ne le ſoit... Je ferai, ſi je puis, le bonheur de tous... Sophie, il faut appeller ici votre mere, vos freres. Mes enfans, vous allez faire aux pieds des autels le ſerment de vous aimer toûjours. Vous ne ſçauriez en avoir trop de témoins.... Approchez mes enfans... Venez, Germeuil... Venez, Sophie.

(*Il unit ſes quatre enfans, & il dit*):

Une belle femme, un homme de bien, ſont les deux êtres les plus touchans de la nature. Donnez deux fois en un même jour, ce ſpectacle aux hommes... Mes enfans, que le Ciel vous béniſſe, comme je vous bénis!

(*Il étend ſes mains ſur eux, & ils s'inclinent pour recevoir ſa bénédiction*).

Le jour qui vous unira, ſera le jour le plus ſolemnel de votre vie. Puiſſe-t-il être auſſi le plus fortuné!.. Allons, mes enfans...

Oh qu'il eſt cruel... qu'il eſt doux d'être pere!

(*En ſortant de la ſalle, le Pere de Famille conduit ſes deux filles; Saint-Albin a les bras jettés autour de ſon ami Germeuil; Monſieur le Bon donne la main à Madame Hébert: le reſte ſuit en confuſion, & tous marquent le transport de la joie*).

Fin du cinquième & dernier Acte.

LaVergne, TN USA
02 October 2009
159743LV00001B/130/A

9 781104 253547